밀도 있는 삶─────을 위한 인문학

밀도 있는 삶을 위한 인문학

초판 1쇄 발행   2021년 10월 25일
초판 2쇄 발행   2024년 4월 22일

지은이 유명훈
펴낸이 하인숙

기획총괄 김현종
책임편집 한홍
디자인   표지 마인드윙 본문 정희정

펴낸곳 더블북
출판등록 2009년 4월 13일 제2009-000020호
주소 서울시 양천구 목동서로 77 현대월드타워 1713호
전화 02-2061-0765   팩스 02-2061-0766
블로그 https://blog.naver.com/doublebook
인스타그램 @doublebook_pub
포스트 post.naver.com/doublebook
페이스북 www.facebook.com/doublebook1
이메일 doublebook@naver.com

ⓒ 유명훈, 2021
ISBN 979-11-91194-43-2 （03300）

밀도 있는 삶 ———— 을 위한 인문학

유명훈 지음

의미 있게 가치 있게 지속가능한
나로 사는 법

다빛북

지속가능한 라이프 스타일이 뉴노멀이다

지속가능한 삶이란, 소중하고 가치 있는 것에 더 집중하는 태도, 내 삶을 가꾸어 우리가 행복한 상생의 고리를 만드는 습관, 잘못된 것을 바로잡고 건강한 삶을 방해하는 것에 대한 예방, 우리의 다음 세대까지 좋은 것들이 이어지도록 하는 기술이다.

더 이상 남의 일이 아니다

"Done is better than perfect." 지금 이 시대를 대변하는 말인 동시에, 우리 모두에게 가장 필요한 지침일 것이다. 완벽한 것을 만들기 위해 기다리기보다는 뭐라도 하는 편이 낫다는 뜻이다. 미디어에선 연일 기후변화와 기상이변으로 인한 피해가 보도되고 있고, 지속가능성이라는 말이 상업광고에 쓰일 정도다. 일상생활에 뿌리 깊게 박혀 있는 사회 갈등과 불평등의 문제를 해결하기 위해 사회 혁신과 가치 창조가 강조된 전문가들은 플라스틱 사용을 중단해야 한다고 경고한다. 그러나 아이러니하게도 사회적 문제가 심각해질수록 나를 분리시키는 현상 또한 강해지고 있다.

나는 가끔 어린이를 대상으로 강의할 때가 있는데, 그때마다 이런 질문을 던진다. "미세먼지 등의 환경문제나 사회적 불균형을 개선하고 여러분이 성인이 되었을 때 더 살기 좋은 세상을 만들려면 어떻게 해야 할까요?" 그러면 어린이들의 상당수가 국가가 나서서 강력한 법과 제도를 만들어야 한다, 정치인들에게 편지를 보내겠다, 기업에 책임을 물어야 한다, 과학자들이 새로운 기술을 만들어내야 한다는 등 적극적으로 답한다. 참 좋은 이야기이지만, 정작 중요한 '나'가 빠져 있다. 오래전부터 사회문제나 환경문제에 관심을 기울이고 스스로 긍정적 변화를 만들어가려 노력하는 사람들도 있지만, 대부분의 사람들은 지속가능성의 문제가 일과 삶에 직접적으로 영향을 미치지 않는다고 생각하는 것 같다.

그런 와중에 인류는 한 번도 겪어보지 못한 코로나19라는 바이러스에 직면하게 되었다. 전염과 확산이 장기화되면서 빈부, 권력과 상관없이 모두의 일과 삶에 직접적인 영향을 미쳤다. 즉, '나'의 일이 된 것이다. 이러한 위기는 코로나 시대를 살아가고 포스트 코로나 시대를 지속가능한 세상으로 만들려면 새로운 삶의 방식이 필요하며 스스로가 그 변화를 주도해야 한다는 암묵적 합의를 이끌어냈다.

밀도 있는 삶을 위한 인문학

나의 생존뿐 아니라 자녀의 미래가 걸려 있기에 어떠한 변화를 먼저 실천할 것인지 고민하는 것은 당연한 일이다. 우리 국민이 누구나 평등하고 자유로운 세상을 만들기 위해 한목소리로 투쟁하고 희생하여 지금의 사회를 이루어낸 것처럼 말이다. 지속가능한 삶의 방식은 이 시대를 살아가는 모두가 치열하게 만들어내야 하는 뉴노멀이다. 완벽한 시기와 방법을 기다리기보다는 더 나은 삶의 방식을 성립하기 위해 스스로 무엇이든 해야 한다.

본질은 변하지 않는다

새들은 가느다란 나뭇가지에 앉아 있으면서도 나뭇가지가 부러질까 봐 걱정하지 않는다. 나뭇가지가 튼튼할 거라고 믿어서가 아니라 자신의 날개를 믿기 때문이 아닐까. 매일같이 새롭고 복잡한 문제가 등장하면서 인류는 새로운 형태의 도전에 직면해 있다. 무엇보다 어려운 점은 전과 다르게 생각하고 행동해야 한다는 것이다. 역사를 통해 인류는 연결과 확장의 길을 걸어왔다. 교통, 통신, 무역, 여행, 문화, 인터넷, SNS, 자연과 우주까지 연결된 이 시스템에 바이러스가 침투한 것이다.

때로는 철석같이 믿고 있던 진실이나 존재의 배신이나 붕괴와 맞닥뜨리면서 새롭게 자신의 존재에 대한 의미를 찾아내기도 한다. 어찌보면 지금의 위기가 자신을 돌아보고 긍정적 믿음을 키워나갈 수 있는 기회는 아닐까? 이제 연결과 확장보다는 치유와 예방에 기반을 둔 지속가능한 삶의 방식에 익숙해져야 하고 올바른 솔루션을 찾아야 한다.

본질은 알고 보면 단순하고 명확하다. 그리고 지속가능한 삶의 본질 또한 '나를 위한 삶'으로 단순하고 명확하다. 빠르게 돌아가는 세상에서 현상과 문제의 본질을 탐구하고 내 것으로 받아들이고 실천하는 것을 습관화하는 것은 가치 있는 일이다. 세상을 변화시키려면 나부터 변해야 하고, 더 나은 방식으로 변화하면 결국 나를 이롭게 한다. 더 멋진 점은, 제대로 된 삶의 방식으로 바꾼 것일 뿐인데 자연스럽게 다음 세대의 지속가능성에도 도움을 줄 수 있다는 것이다.

이런 개인이 많아지면 사회는 건강해진다. 가치 있는 본질을 지켜서 이어지도록 하는 노력은 다음 세대에 물려줄 수 있는 최고의 유산이다. 그리고 이런 시작이 오래오래 이어지기를 바란다.

전염병과 같은 큰일이 닥치면 국가의 대응이 강조되지만, 한편으로 국민 개개인의 역할과 책임 또한 중요해진다. 남에 대한 비판보다는 현실을 있는 그대로 받아들이고 경험과 학습을 통해 솔루션을 찾아내려 노력해야 한다. 영국에서 사람들이 마스크를 착용하고 다니면서 상대방의 입 모양을 보고 소통하는 청각장애인들이 불편함을 겪자, 이를 해결하기 위해 한 대학생이 투명 마스크를 개발했다고 한다. 그러면서 투명 마스크가 많은 나라에서 활용되고 있다. '왜'라는 질문을 통해 원인을 파악하고 책임을 묻는 것만큼이나, '어떻게'라는 질문을 통해 적극적인 개선 방식을 찾아가는 자세가 필요한 순간이다.

100-1=0

자연의 섭리가 그렇듯, 모든 큰 것은 작은 것이 조합되어 이루어진다. 하인리히의 법칙(미국의 작가이자 산업재해 전문가인 허버트 윌리엄 하인리히Herbert William Heinrich가 《산업재해 예방: 과학적 접근Industrial Accident Prevention : A Scientific Approach》에서 소개한 법칙으로, 큰 사고가 발생하기 전에 그와 연관된 경미한 사고와 수백 건의 징후가 나타난다는 통계적 법칙이다)처럼 여러 번의 작은 사고가 큰 사고로 이어지는 경우를 목격하곤 한다. 작고 하찮은 것을 무시하다가 언젠가 그 힘을 확인하고 나서야 놓치고 있던 것을 들추어 보게 된다.

그동안 100-1이 99가 아닌 0이 되는 순간을 수없이 겪었다. '안전'이 대표적인 예다. 돈을 위해, 효율성을 높이려고, 안전장치를 착용하면 덥고 불편해서 등등, 안전 수칙을 지키지 않거나 사회적 약속을 무시하다가 사고가 발생하면 결국 모든 것을 잃고 만다. 작고 하찮은 일에는 법을 지키고 환경을 보호하며 피해를 끼치지 않고 공중도덕과 윤리적 가치를 실천하는 것처럼 기본적으로 해야 할 일도 포함된다. 코로나 시대에 지속가능한 삶을 이루어가려면 그동안 중요하게 여기지 않았지만 아주 기본적이고 중요한 가치에 귀를 기울일 필요가 있다.

지속가능한 삶의 방식이라고 하면 지레 겁을 먹는 사람도 있다. 현재 누리는 것을 포기해야 한다거나 불편하게 살아야 하는 것은 아닐까 우려해서다. 의류 산업 생태계를 살리고 친환경적인 소재와 제조 과정으로 만들어낸 지속가능한 패션은 멋있기도 하지만, 그 옷을 입는 사람을 더욱 빛내주고 가치 있게 만든다. 열심히 농사지은 지역 농산물을 찾아 먹는 것은 나와 가족의 건강에 좋을 뿐만 아니라 지역사회 발전에 기여하고 탄소 배출을 줄이는 데 기여한다.

플라스틱은 오랜 시간이 지나도록 분해되지 않고 미세 플라스틱의 형태로 지구를 돌아다니다가 사람의 몸속에 축적된다. 2019년 말 영국의 논문에 따르면, 1년 동안 성인 한 사람이 평균 5만 개 이상의 미세 플라스틱을 먹는다는 연구 결과를 발표했다. 그리고 미세 플라스틱은 몸속 어딘가에 있다가 건강 문제를 일으킨다. 장수가 인간의 꿈이긴 하지만 아파가며 100년간 살아야 한다고 생각하면 암담하다. 플라스틱 빨대, 비닐봉지 등의 일회용품을 쓰지 않는 것은 나 자신뿐 아니라 다음 세대를 위해서도 필수적인 변화다.

그 결과, 2021년 7월 3일부터 유럽연합 전역에서는 배달용 식기와 포장 용기 등 일회용 플라스틱 사용이 전면 금지되었다. 2017년에 창업한 독일의 스타트업 와이즈푸드Wisefood GmbH 같은 기업은 사과 섬유를 원료로 한 먹을 수 있는 빨대를 개발하여 플라스틱을 대체할 수 있는 지속가능한 솔루션을 제시했다. 이는 독일 전역의 슈퍼마켓과 호텔에 입점되었고 전 세계에 수출되면서, 와이즈푸드는 수천만 유로의 가치를 지닌 성공적인 스타트업으로 부상하였다.

누군가는 정책에 불만을 품고 과거의 방식에 머무르려고만 할 때, 누군가는 지속가능한 방식으로 삶을 편하게 만들어줄 솔루션을 찾고 성장의 기회로 삼는다. 이제는 지속가능한 방향으로 세상이 흘러가고 있다. 그러니 같은 방향을 바라보고 노를 젓지 않는다면 불편함은 물론이고 가치를 창출할 수 있는 기회마저 빼앗길 것이다.

지난 2019년 5월, 필리핀에서는 신박한 법안이 통과되었다. 학교를 졸업하는 모든 학생이 1인당 적어도 10그루의 나무를 심는 것을 의무화하는 내용이었다. 산업화와 기후변화로 인한 산림 훼손은 지구의 지속가능성을 더욱 단축시키고 있다. 필리핀의 경우 매년 1천만 명이 넘는 학생들이 초등학교를 졸업하고 500만 명 이상의 학생이 고등학교를 졸업한다. 대학생과 유치원생까지 포함하면, 적어도 1억 5천만 그루 이상의 나무가 해마다 심어진다는 말이 된다. 물론 나무를 많이 심는 것이 능사는 아니다. 어디에, 무슨 나무를 심을지, 기후 및 토착 식물과의 상생 등은 어떻게 할지, 용수는 어떻게 조달할지, 계획을 수립하고 전략적으로 시행해야 이것이 문화가 되고 다음 세대의 삶에도 기여할 수 있을 것이다. 이는 학생들에게 지속가능성을 가르쳐주고 미래를 위해 실천하는 기회이자 자연을 지키고 보살피는 것이 국민의 의무 중 하나라는 인식을 심어주는 좋은 사례가 될 수도 있다. 이는 군인에게도 적용되면서 앞으로 어떤 변화를 가져올지 기대된다. 이처럼 지속가능성의 문제는 권고와 표준을 넘어 국민의 법적 의무로까지 확산되어 적용되고 있다.

지속가능한 삶의 방식은 억지로 해야 하는 범주를 넘어서서 새로운 삶의 표준이자 상식이 되고 있다. 더 나은 삶을 위해, 그리고 자신의 삶을 좀 더 밀도 있게 만들어가기 위해 지속가능성을 어떻게 활용할 것인지 고민하는 시대가 되었다.

지속가능성, 가치가 되다

어떤 사람은 사회적 거리 두기로 인해 자연환경이 개선되기 시작했다고 말하고, 누군가는 집에 머물며 책을 읽고 명상하며 가족의 소중함을 알게 되었다고 이야기한다. 어떤 사람은 코로나19 앞에서 빈부의 격차도 사라졌고 기업이 상생의 연대를 만들면서 지구의 치유가 시작되었다고 주장하기도 한다. 무엇보다 중요한 점은 지금의 어려운 시기가 치유와 예방을 기반으로 하는 건전한 삶의 방식을 발견하고 배우고 실천하는 계기가 되어야 하며, 다음 세대에게 더욱 건강한 환경과 사회를 물려줄 수 있도록 지속가능한 체계로 전환되어야 한다는 것이다.

존 엘킹턴John Elkington은 지속가능성의 3가지 기본 축Triple Bottom Line, 3P으로 경제Profit, 사회People, 환경Planet을 이야기한다. 많은 사람이 경제, 사회, 환경의 균형이 중요하다고 해석했지만, 이 시대에 더욱 중요한 것은 전략적 지속가능성이다. 다시 말해, 사회와 환경문제를 활용

또는 개선하는 방식으로 경제적 가치까지 창출할 수 있는 적극적인 방식으로 사고를 전환해야 한다는 것이다. 이는 곧 진정한 의미의 진보가 이루어져야 한다는 말이다.

기업은 소비자의 소비력에 의존하여 흥망성쇠가 결정되므로 긍정적이고 친환경적이며 윤리적이고 사회 혁신적인 제품과 서비스를 요구하는 소비자가 늘어나면 기업의 경영 방향과 생산 방식 또한 훨씬 긍정적으로 바뀔 것이다. 바닷물을 마실 수 있는 물로 바꿔주는 담수화 기술을 가진 기업인 IDE테크놀로지는 물이 필요한 전 세계 40개국에 하루 200만 톤의 물을 공급한다. 전 세계 인구 중 약 8억 명이 깨끗한 식수를 공급받지 못하고 있는데, IDE테크놀로지와 같은 기업은 문제를 해결하면서도 경제적 가치를 창출하는 비즈니스 모델을 구축하고 있기에 이런 기업의 미래는 밝을 것이다.

뉴노멀은 돈을 버는 방법 또한 변화해야 한다고 강조한다. "우리 기업은 규모도 작고 아직 돈도 잘 못 버는데, 지속가능 경영을 하고 사회적 책임을 생각하는 것은 시기상조인 것 같다"라고 말하는 기업인들이 있다. 그러나 돈 버는 것과 지속가능성을 전혀 다른 범위의 것이라고 생각하는 것은 인류의 가장 큰 오판이다.

돈을 잘 벌든 못 벌든, 지속가능성은 당연히 고려해야 하는 시대가되었다. 사업 모델과 제품과 서비스가 사회에 아무리 크게 기여하든상관없다. 이제는 환경적 가치, 인권의 보호, 홍보 및 마케팅의 건전성, 이해관계자와의 상생, 탄소 배출과 에너지 저감 노력, 법과 표준의 준수, 함께 일하는 직원의 행복에 이르기까지, 단 하나라도 결여되거나 부족하면 신뢰를 쌓기 힘들고 조직의 면역력이 떨어져 사소한 환경 변화나 자극 요인에 의해 와르르 무너져버릴 수 있다. 지속가능성을 고려하지 않는 기업은 고객이 먼저 외면할 것이다. "돈도 못 벌면서 지속가능성을 어떻게 지킵니까?"라는 질문이 아니라 "돈을 잘 벌려면 어떻게 지속가능성을 고려하고 어떻게 변화해가야 할까요?"가 옳은 질문일 것이다.

옳고 그름이 뭔지도 모르고 어린아이와 같은 행동을 하는 사람을 철부지라 일컫는데, 원래는 계절의 변화를 제때 감지하지 못하고 무엇을 하는 것이 옳은지 모른다는 뜻이다. 예로부터 우리 조상들은 천체의 움직임을 보고 24절기를 만들어 이를 활용하였는데, 절기를 모르고 철이 어떻게 바뀌는지 모르는 사람을 철부지라고 부른 것이다. 계절과 절기의 변화를 제대로 간파하지 못하면 농사에 큰 피해를 입을 수도 있고, 의복이나 먹거리를 제때 준비하지 못해 손해를 보기도 했기 때문이다.

마찬가지로, 지속가능성의 시대에 사회적, 환경적 변화를 인지하고 적절하고 현명한 판단과 조치를 취하지 못하는 사람들 또한 철부지라 할 것이다. 자신의 미래와 다음 세대의 삶을 풍요롭게 하기 위해서라도 시대를 읽는 눈, 변화를 간파하고 헤아릴 줄 아는 힘, 삶에 긍정적 변화를 주는 현명한 실천으로 더 나은 미래를 만들어가는 지혜를 갖추도록 노력해야 한다.

한편 미래를 예언하면서 기술과 기계를 중심으로 생각하기도 하는데, 그런 미래는 암울하다거나 인간성이 상실되리라고 예측하는 사람이 많다. 사람의 가치를 기반으로 손으로 하는 일, 심리와 안정을 위한 일, 사회적 관계와 환경적 가치를 고민하고 실천하고 혁신할 수 있는, 오직 인간만이 할 수 있는 일, 인간의 가치와 행복을 위한 직업이 더욱 필요해질 것이다. 〈설리, 허드슨강의 기적〉이라는 영화에서는 '휴먼 팩터', 즉 사람의 경험과 직관과 공감 능력이 가지는 가치가 더욱 중요해진다는 메시지를 전한다. 그렇다면 미래는 더 이상 암울하지도 않고 거대 기업이 권력을 쥐고 사회를 뒤흔들 것을 걱정하지 않아도 된다.

누군가를 비판하기 전에 나를 먼저 돌아보고, 좋은 것은 나눌 수 있어야 한다. 배추를 심었는데 잘 자라지 않는다고 배추의 책임으로 돌리거나 비난하지 않는다. 오히려 배추가 잘 자라지 못하는 이유를 찾거나 내가 잘 돌보지 못한 것은 아닌지 돌아볼 것이다. 그런데 사람이 문제를 일으키면 쉽게 그 사람이나 그 주변 사람을 비난하거나 나무라고 낙인을 찍기도 한다. 만약 우리가 그들을 돌보고 좋은 방향으로 가르친다면, 그들도 배추처럼 잘 자랄 것이다. 저자이자 스님인 틱낫한은 이를 '적극적 공감 능력'이라고 한다.

코로나 이후의 사회적 거리 두기는 나와 상대방을 보호하기 위한 수단인 동시에, 상대를 더 이해하고 공감하는 새로운 삶의 태도로 자리 잡게 될 것이다. 그래서 나는 '사회적 거리 두기'라는 말보다 '존중의 거리 두기'로 불러도 좋을 것 같다고 생각한다.

지속가능한 삶의 주체는 바로 '나'

이 책은 지속가능경영과 CSR Corporate Social Responsibility(기업의 사회적 책임) 개념을 국내에 소개한 국내 최초의 CSR 컨설턴트이자 KoreaCSR의 대표로서, 지속가능한 일과 삶을 만드는 방법을 배우고 나누는 마이크로 스쿨인 '존경과 행복의 학교' 교장으로서, 내가 지난 20여 년간 경험하고 느끼고 배우고 만나고 실패하고 깨달은 내용을 정리한 것이다. 여러 매체에 기고한 글과 지속가능한 삶의 방식으로 살아가는 여러 사람들과의 인터뷰, 영국에서 공부하고 일하며 경험한 이야기 등도 포함하고 있다.

코로나 시대에 삶의 변화를 예측하는 것도 중요하지만, 지속가능한 삶의 본질과 가치에 대해 좀 더 이야기하고 싶다. 책을 읽다 보면 자기 자신과 다음 세대를 위해 무엇을 할 수 있는지, 무엇을 해야 하는지 구체화할 수 있을 것이다. 또한 뉴노멀 시대에 지속가능한 삶의 방식이 경쟁력이 되기도 하다는 사실을 공감하게 될 것이다.

지속가능한 삶의 방식은 결국 사랑에 관한 얘기다. 이는 곧 삶의 밀도를 높이는 기술이기도 하다. 또한 나 자신을 포함한 사람에 대한 사랑과 이를 다른 사람에게까지 확장하는 밀도의 관점으로 삶을 바라보는 태도로 전환하는 것이다.

그러려면 인간의 나쁜 본성으로 인한 문제를 질타하거나 뜯어고치기보다는 본래 인간이 가지고 있는 정의감, 공정함, 배려, 협동심과 지혜로운 문제 해결 능력을 더욱 키워야 한다. 윤리적이고 정의로운 과학자는 많은 사람을 이롭게 하는 기술을 창조해낸다. 이런 행동의 바탕에는 인류에 대한 사랑이 깔려 있다. 그렇지 않다면 매드 사이언티스트가 되어 인류를 파괴하거나 특정 사람들의 목적에만 부합하는 기술을 개발할 것이다. 진정 자기 자신을 사랑하고 가족을 사랑하고 인류를 사랑한다면, 어떤 행동을 하기 전에 무엇이 옳은 일인지 한 번 더 생각해보게 된다.

옳은 삶을 살아가기 위해 가장 경계해야 할 말이 있다면, "남들도 다 그래!(원래 그래!)"와 "나 하나 실천한다고 세상이 바뀌겠어?"라는 것이다. 주위를 둘러보면 소신을 가지고 작은 것부터 실천하는 사람도 많고, 누군가의 작은 시도가 사회에 큰 변화와 혁신을 불러일으키기도 한다. 세상이 미쳐 돌아가고 있는 것처럼 보여도 대부분의 사람은 바른 생각을 가지고 최선을 다해 살아간다.

이 책을 통해 세상의 변화를 알려주는 다양한 신호를 좀 더 많은 사람들이 알아채길 바란다. 그리고 적극적으로 각자의 일과 삶에서 즐겁게 실천하면서 그 가치가 주는 보람을 누리길 바란다. 아직 여지가 있을 때 문제를 예방하기 위해 결단을 내릴 줄 아는 현명함이 필요하다. 삶의 밀도는 그렇게 높아진다.

인류는 위기의 순간마다 문제를 해결하며 발전해왔다. 위기의 순간

아픔을 딛고 인류가 성장할 수 있었던 것은 인류에 대한 사랑을 가진 많은 사람의 노력과 실천 덕분이다. 지속가능성의 위기를 극복하고 한 단계 도약하기 위해서는 많은 사람의 관심과 참여, 지식과 기술, 인간에 대한 사랑을 담은 지혜가 필요하다.

특히 어린 세대가 지속가능한 미래를 여는 데 리더십을 발휘하고 즐겁게 실천할 수 있기를 바란다. 이 책을 부모가 읽고 자녀에게 알려주거나, 선생님이 읽고 학생에게 가르쳐줄 수 있다면 더 바랄 것이 없겠다. 그래서 미래를 어떻게 만들어가야 할지 각자의 역할과 기회에 대해 고민하고 토의하길 바란다. 또한 리더들이 구성원들과 함께 지속가능한 경영이 무엇인지 고민하고 지속가능한 비즈니스를 만들어가는 원칙과 구체적 방향을 세울 수 있기를 기대한다.

더불어, 지속가능성을 바라보는 바르고 건강하고 적극적인 시각을 심어줄 수 있기를 바란다. 지속가능성은 몇몇 전문가나 UN과 같은 국제기구 또는 대기업에서나 다루는 주제가 아니다. 극도로 복잡하고 고도로 연결된 사회에서 살아가는 만큼 누구나 적어도 하나 이상의 지속가능성 문제에 노출되어 있다. 환경 오염, 미세먼지, 고령화, 빈곤, 양극화, 차별, 스트레스, 소음, 교통, 일자리, 주거 문제 등등 그 범주와 정도 또한 다양하다.

부디 이 책이 뉴노멀 라이프의 올바른 방향을 찾고 밀도 있는 삶을 만들어가는 데 도움이 되길 바랄 뿐이다.

더 좋은 세상을 만들어갈 누군가를 찾고 있다면

거울을 바라보라.

거울에 비친 그가 삶을 변화시키고

긍정적으로 나아가게 할 사람이다.

2021년 10월

유명훈

차 례

5장 지속가능한 교육과 학습

6장 지속가능한 기업 활동과 소비 스타일

7장 지속가능한 마음의 평화

8장 지속가능한 투자와 ESG

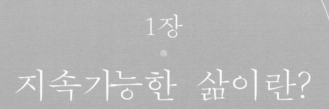

1장
·
지속가능한 삶이란?

알면 보이는 것들

· · ·

내가 20여 년 전 영국으로 공부를 하러 간 학교는 자체적으로 '지속가능 경영'을 추진하고 있었는데, 그때 '지속가능sustainable'이란 말을 처음 들었다. 그 순간, 마음을 빼앗겨버렸다. 탄소 배출 관리부터 캠퍼스 내의 자연환경 및 동식물 보호, 지역사회 상생 프로그램, 일자리 창출, 문화예술 나눔, 직원과 학생의 인권 보호, 안전과 건강 관리 등에 이르기까지, 현재의 좋은 가치를 보호하고 유지하여 삶을 풍성하게 하면서도, 다음 세대에 더 나은 미래를 만들어주기 위해 노력한다는 개념이 많은 영감을 주었다.

그것이 지속가능성과의 첫 만남이었다. "좀 더 나은 세상을 만드는데 기여하면서도 돈도 잘 벌 수 있는 일이 없을까?"라는 내 인생 질문에 대한 답을 얻은 순간이었다. 그래서 윤리 경영, 기업의 사회적 책임 CSR, 지속가능성을 주제로 석사 공부를 하고 관련 분야에서 일을 시작했다.

영국에서 공부하고 일하면서 알게 된 많은 기업은 나를 또 한 번 놀라게 했다. 건강하고 지속가능한 방법으로 돈을 벌고, 기업이 돈을 버는 과정 자체가 사회와 환경 문제를 해결하거나 개선하는 데 도움이 되었다. 소비자들 또한 이러한 기업의 노력과 가치를 알아보고 신뢰하는 문화가 형성되고 있었다. 내가 이 분야를 공부하고 일해온 지도 벌써 20년이 되었는데, CSR과 지속가능경영이라는 말은 듣기만 해도 여전히 가슴이 설렌다.

동물 실험을 하지 않는 것으로 유명한 영국의 화장품 회사 더바디샵The Body Shop은 전 세계 80개국 이상에서 비즈니스를 하고 있는 글로벌 기업이다. 화장품을 만들기 위해서는 다양한 허브를 포함하여 많은 원재료가 필요하다. 보통 기업에서는 원재료를 구매할 때 어떻게 하면 더 많은 물량을 더 싸게 구매할 수 있을까 고민한다. 그래서 갑을 관계가 형성되고, 결국 기업은 협력 회사나 생산자와 상생하지 못하고 신뢰와 경쟁력을 잃곤 한다.

그런데 더바디샵은 오래전부터 원재료를 구매하는 과정에서 생산자의 노동을 인정하고, 그 대가를 지역사회에 투자하는 공정무역 방식을 적용하고 있다. 이를 통해 더바디샵은 우수한 품질의 원재료를 안정적으로 공급받고, 지역 농가는 더 건강하고 안전하게 농사지을 수 있는 다양한 방법에 재투자할 수 있다. 그렇게 되면 다음 세대까지 지속가능한 건강한 토양을 보존할 수 있다. 이는 환경적으로도 선순환 구조다.

물론 지역 생산자의 노동을 제대로 인정하고 정당하게 지불하는 것이 당연하지만, 그동안의 비즈니스 관행은 대부분 그렇지 않았다. 기업에서 원재료를 싼 가격에 많은 물량을 빠른 시일 내에 공급해야 한다고 압박하면 어떤 일이 벌어질까? 원재료 공급자와 지역 농가에서는 생산성을 높이기 위해 더 많은 비료와 농약을 사용하여 토양을 황폐하게 만들 것이다. 또 싼 가격에 맞추기 위해 직원에게는 싼 임금을 강요하게 된다. 직원은 줄어든 가계 소득을 메꾸기 위해 다른 일을 하게 될 테고, 그 결과 원재료의 품질이 떨어질 것이다. 결국 그 피해는 소비자에게 돌아간다. 그리고 기업의 경쟁력이 전반적으로 떨어지면서 그 기업에 속한 수많은 사람이 일자리를 잃을 가능성이 높아진다.

새로 시작한 기업이든 아니든, 규모가 큰 회사이든 소규모 자영업자든, 돈을 잘 버는 조직이든 아직 투자하는 단계의 조직이든 간에, 지속가능성을 고려하고 부정적인 영향력을 최소화하며 기본적인 가치를 지키려고 노력하는 것은 중요하다. 더바디샵이 지속가능한 경영을 추구한다지만 그렇다고 해서 완벽한 기업이 아니며, 이러한 노력은 지속적으로 이뤄져야 한다. 중요한 점은 개인이든 기업이든 지속가능한 가치를 알고 노력해야 한다는 것이다. 물론 잘못된 점을 지적하여 고치게 하는 것도 좋지만, 작은 노력이라도 인정하고 칭찬하여 긍정적인 노력이 더욱 확산될 수 있도록 밀어주어야 한다.

　영국에서 한국에 돌아온 후, 나는 지속가능성에 대해 사람들의 인식을 높이는 데 기여하고 싶었다. 그래서 글을 쓰고 방송을 하고 강의하는 데 집중했다. 기업을 위해서는 지속가능경영 교육과 컨설팅을 통해 돈 버는 프로세스를 지속가능한 방식으로 바꾸고, 사회적 책임을 다하는 비즈니스로 혁신할 수 있도록 노력했다.

알아야 보이는 것들

· · ·

　나는 소비자가 똑똑하고 윤리적으로 소비해야 한다고 강조한다. 화학 제품의 폐해를 아는 사람들은 천연 재료를 사용하려 한다. 대부분의 오리 털, 거위 털 패딩이 살아 있는 오리와 거위의 털을 뽑는 잔인한 방식으로 만들어진다는 것을 아는 소비자는 가능하면 동물 학대 문제가 있는 제품은 구매하지 않는다.

　면으로 된 청바지를 만드는 데 물이 6,000리터 이상 든다는 사실을 아는가? 일반적으로는 알려지지 않은 이야기일 것이다. 대개 면이 가장 친환경적인 원단이라고 착각하기 쉬운데, 생산 과정에서 굉장히 많은 물을 사용하며 화학적 처리 과정도 거쳐야 한다. 특히, 청바지는 면을 생산할 때보다 훨씬 더 많은 물을 사용한다. 1년에 대략 1억 2천만 벌의 청바지가 판매된다고 하니, 그 과정에서 드는 환경적 부하는 상상을 초월한다. 전 세계 수질 오염의 약 20%는 의류 산업에 의한 것이다.

　이렇듯 소비자가 관심을 가지지 않으면 사회적 분위기가 형성되지 않고 시스템이 구축되지 않는다. 따라서 기업은 굳이 문제를 개선할 이유가 없다. 그러나 소비자가 바뀌길 원하면 기업은 상품을 팔기 위해서라도 변화한다. 전 세계적으로 지속가능한 라이프 스타일이 중요해지면서 의류 산업도 변하기 시작했다. 자원 사용을 줄이고Reduce 재사용하며Reuse 재활용Recycle할 뿐만 아니라, 지속가능성 있는 신소재를 개발하고 환경적인 영향을 최소화하는 공정을 개발하고 있다. 소비자로서는 청바지 한 벌만 덜 사도 직간접적으로 지속가능한 삶에 기여하는 셈이다.

　모건 스탠리Morgan Stanley(2019)의 조사에 의하면 미국 투자자의 90%가 지속가능한 가치 기반의 투자가 중요하다고 답했다. 다양한 소비자 조사 결과에서는, 대부분의 소비자들이 사회적 책임이나 환경적 가치를 고려하여 소비하겠다고 답한다. 그런데도 돈 버는 일과 지속가능성은 별개의 문제라고 생각하는 사람이 많다. 지속가능성을 고려하는 것이 돈 버는 데 방해 요인이 된다고 생각하는 사람도 있다.

　지속가능성에 대한 인식이 확대되고 있는 시대에, 좀 더 많은 사람들이 지속가능성에 대해 올바르게 인식하는 것이 무엇보다 중요하다. 그리고 각자의 삶에 이런 지속가능성을 반영하고 비즈니스에서도 실천할 수 있는 사회적 분위기를 만들어야 한다.

지속가능성이란?

· · ·

요즘 흔하게 쓰고 있는 지속가능성Sustainability 또는 지속가능한 발전 Sustainable Development이라는 용어는 1980년에 발간된 〈세계환경보전전 략: 지속가능한 발전을 위한 자원의 보호World Conservation Strategy: Living Resource Conservation for Sustainable Development〉라는 보고서에서 쓰였다. 이 보고서에서는 "인류는 경제 개발을 추구하고 자연의 풍요로움을 즐 기는 것과 관련해서 자원의 한계와 생태계의 현실적 수용력을 받아들 이는 법을 배워야 한다. 그리고 다음 세대의 필요를 고려하는 것 또한 절대 잊어서는 안 된다"라고 하였다.

이 개념을 좀 더 구체적이고 명확하게 발전시킨 사람이 UN세계환 경개발위원회 의장이었던 그로 할렘 브룬틀란Gro Harlem Brundtland이었 다. 그녀는 1987년의 보고서에서 "지속가능한 발전은 미래 세대가 니 즈를 충족할 수 있는 능력을 훼손하지 않으면서 현재의 니즈에 맞추 는 발전이다"라고 정의하였다.

2002년에는 남아프리카공화국 요하네스버그에서 UN지속가능발 전세계정상회의UN World Summit on Sustainable Development, WSSD가 열렸는 데, 여기서는 세대 간 문제와 함께 지속가능성의 3대 축인 경제 발전, 사회적 통합, 환경 보호가 상호 작용한 발전이 더욱 강조되었다.

브라질 리우 정상회의 20주년 기념으로 진행된 리우+20 정상회의 보고서에서는 일관적이며 포괄적인 경제 성장, 모두를 위한 기회의 창출, 불평등 감소와 기본 생활 수준의 향상, 평등한 사회 발전과 통합, 생태계의 보전과 복원 등 경제 발전, 사회적 통합, 환경 보호에 대한 구체적인 방향을 제시하였고, 이는 지금까지 지속가능성의 핵심적인 내용으로 활용되고 있다.

한편, 2000년 9월에는 세계 정상 189명이 UN본부에 모여 전 세계의 개발 지침을 발표하였는데 그것이 바로 MDGs Millennium Development Goals(새천년 개발 목표)다. 2000년부터 2015년까지 전 세계가 힘을 모아 인간답게 살 수 있는 환경을 만들자는 취지에서, 후진국과 개도국 지원과 개발을 골자로 하는 8가지 구체적인 목표를 제시하였다.

(1) 빈곤과 기아 극복 Eradicate Extreme Poverty and Hunger

(2) 보편적 기본 교육 달성 Achieve Universal Primary Education

(3) 성 평등과 여성 지위 향상 Promote Gender Equality and Empower Women

(4) 영아 사망률 감소 Reduce Child Mortality Rates

(5) 모성 보건 개선 Improve Maternal Health

(6) HIV/에이즈, 말라리아 및 기타 질병의 퇴치 Combat HIV/AIDS, Malaria and other diseases

(7) 지속가능한 환경 보장 Ensure Environmental Sustainability

(8) 개발을 위한 글로벌 파트너십 구축 Global Partnership for Development

새천년 개발 목표는 2015년에 "일부 달성되었다"는 평가를 받고 마무리되었다. 그 뒤를 이어 2016년부터 2030년까지 전 세계가 함께 이루어야 할 목표로 제시된 것이 SDGs Sustainable Development Goals (지속가능 발전 목표)다. MDGs가 개도국 중심의 지원과 원조에 집중되어 있었다면, SDGs는 모든 인류가 힘을 모아 극복해야 할 공통적인 과제를 담은 17가지 구체적인 목표다.

지속가능 발전 목표는 전 세계적으로 합의한 것으로, 현 시대를 살아가는 모든 사람은 지속가능한 발전을 위해 어떠한 공통의 과제를 가지고 있는지 확인할 필요가 있다.

이제는 무분별하다 싶을 만큼 지속가능성이라는 말을 자주 사용한다. 그런데 지속가능하다는 것은 과연 어떤 의미일까? 우리가 중요하게 생각하는 삶의 가치를 잘 지키고 실천하여 다음 세대까지 이어지

출처: 지속가능발전포털(http://ncsd.go.kr/unsdgs?content=2)

게 하려는 노력이 그 핵심이다. 그렇다면 꾸준히 지켜야 하는 지속가
능한 가치는 어떤 것이 있을까? 윤리적이고 정직하고 투명한 사회, 모
두가 공평한 기회를 누리며 정당한 노력이 인정받는 사회, 아름다운
자연과 환경, 풍부한 자원, 건강한 삶의 방식, 상생의 방법으로 경제적
가치를 만들어가는 존경받는 기업 등이 그러한 가치를 보여준다.

지속가능한 삶은 트렌드가 아닌 상식

· · ·

'지속가능한 삶'은 "실천하는 인간으로서의 자신을 항상 인식하고,
옳은 방법으로 경제적, 사회적, 환경적 가치의 균형을 맞추며, 그러한
삶의 자세를 통해 이 세상과 다음 세대의 지속가능성에 조금이라도
기여할 수 있는 삶"이라고 나는 생각한다.

아직 많은 사람들이 지속가능한 삶을 '내가 하고자 하는 일이 무탈
하게 유지되고 오래오래 잘 먹고 잘사는 것' 정도로 이해하는 것 같다.
그러나 자신의 이익을 위해 사회적 가치와 상생의 미덕을 저버리거나
자연환경을 파괴하고, 다른 사람의 잘못은 쉽게 비판하면서 정작 자
신은 실천하지 못한다면 지속가능한 삶이라고 할 수 없다.

내가 기대하는 것은, 우리가 사는 동안 조금이라도 더 나은 환경을
유지하고 더불어 행복할 수 있는 풍요로운 사회를 만들어 다음 세대
까지 지속되게끔 하는 데 자신이 어떠한 역할을 할 수 있는지 진지하

게 고민하고 즐겁게 실천하는 삶이다. 조금이라도 더 나은 삶을 살아가는 것만으로도 다음 세대까지 그 영향이 이어지고, 곧 모두가 행복해지는 선순환을 만드는 기적이 가능해진다고 생각한다. 그렇기에 지속가능한 삶의 방식은 생각 있는 몇몇 사람들의 노력으로 끝나지 않는다. 머지않아 새로운 세상을 살아가는 인류에게는 상식으로 자리 잡게 될 것이다.

예를 들어, 요즘 미세먼지 문제가 심각하다. 지금보다도 다음 세대는 더 괴로울 것이 뻔하다. 우리가 미세먼지를 줄이기 위해 노력하면 공기가 맑아져서 좋고, 다음 세대에게도 좋을 것이다. 이렇게 좋은 것이 지속되는 삶, 상생의 순환 고리를 만드는 것이 지속가능한 삶의 핵심이다. 자신의 자녀가 정말로 소중하다면, 지속가능한 미래를 만들어주려 노력하는 것이 더 현명하고 효과적인 방법이지 않을까 싶다.

빠르게 흘러가는 강 위에 배가 여러 척 떠 있다면, 각각의 배가 방향을 틀어 원하는 방향으로 가기는 쉽지 않을 것이다. 그러나 많은 사람이 모여 물길을 만든다면 어떻게 될까? 배는 물길을 따라 자연스럽게 목적지를 향할 것이다. 이렇듯 새로운 전환의 시기에 우리는 거대한 물길을 터야 하는 공동의 숙제를 안고 있다. 그러나 이를 과제라고 여기기보다는 더 나은 방향으로 즐겁게 나아갈 수 있는 기회라고 생각하면 어떨까?

밀도 있는 삶을 위한 인문학

내 삶의 주인공은 나야, 나!

· · ·

지속가능한 삶은 환경을 보호하고 윤리적으로 소비하며 사회적 책임을 다하는 비즈니스를 하는 것만을 뜻하지는 않는다. 더 중요한 것은 자신만의 지속가능한 삶의 방식을 찾는 것이다. 다시 말해, '나'로부터 시작해야 한다는 말이다. 그러기 위해서는 내 마음의 평화와 행복을 찾는 것이 우선시되어야 하며, 다양한 삶의 방식을 인정하고 경험하고 조율해나갈 수 있는 자세가 필요하다. 그렇기에 지속가능한 삶은 굉장히 다양한 방식으로 나타날 수 있다.

지난 몇 년 동안 전 세계적으로 유행처럼 번진 단어와 트렌드가 있다. 미니멀리즘, 휘게 라이프, 포스트 럭셔리, 순환경제, 명상, 산림욕, 킨포크, 인문학, 유기농, 데메테르, 비건과 베지테리언, 생태학습, 사회적 경제, 공유 경제, 재활용, 지속가능한 패션, 동반 성장, 공정무역, 쓰레기 없는 삶 등등, 한 번쯤은 들어보았을 것이다. 이 모든 것이 결국 우리의 삶과 세상을 좀 더 지속가능하게 만들어가는 삶의 다양한 모습이다. 이는 좀 더 행복하고, 좀 더 건강하며, 좀 더 친환경적인 지속가능한 세상을 만들고 싶은 우리의 바람을 담고 있다.

고기를 먹기 위해 소 한 마리를 키우려면 엄청난 탄소 배출량이 발생한다. 그렇다고 해서 축산업과 고기 먹는 사람을 혐오하거나, 자신의 방식만이 옳다고 주장하는 극단주의는 사회적 합의를 이끌어내고 지속가능한 삶의 방식을 시도하는 데 걸림돌이 된다. 한편 기업의 탐욕이 환경을 병들게 만든 주범이므로 기업이 하는 말은 절대 믿지 않겠다거나, 사회적 책임을 강조하는 것은 뭔가 잘못한 것을 가리기 위한 '워싱Washing'이라고만 여기는 부정적인 시각 역시 도움이 되지 않는다. "나 혼자 플라스틱 제품을 안 쓴다고 세상이 좋아지겠어?"라며 다양한 도전과 시도를 회의적으로 바라보는 것 또한 도움이 되지 않는다. 내 생각과 가치를 정해진 틀에 가두고 그 틀 밖에 있는 것을 부정하는 데 에너지를 쓸 필요가 없다는 말이다.

산업화된 축산업의 문제를 비판만 할 뿐 어쩔 수 없다면서 공장식 축산으로 생산된 고기를 계속 사 먹는 것보다, 규모는 작지만 지속가능성을 고려하고 자연적인 순환을 만들어가는 농민을 적극적으로 찾고 그들이 생산한 먹거리를 소비하는 것이 나 자신은 물론 이 사회에 도움이 되는 삶의 태도일 것이다. 사람은 누구나 추구하는 삶의 가치와 방식이 다르다. 중요한 것은 지속가능한 삶을 위해 다양하게 시도하며 한발씩 나아가는 것이다. 그리고 그 여정에서 좀 더 많은 사람이 실행할 수 있고 정답에 가까운 방식을 찾아낼 수 있을 것이라는 희망을 발견하고 싶다.

어떤 모임에서든 행복한 사람이 많으면 그 행복은 시너지를 일으켜 다른 사람에게 전파된다. 그동안 우리는 지속가능성을 이야기하며 지구와 산업과 미래 세대가 처한 위기를 경고하기에 바빴다. 그러나 위기에 대해서는 충분히 알게 되었다. 그보다는 지속가능성을 인식하고 개선하고 실천하는 데 있어 '나'로부터 시작하는 방법, 내가 더 즐겁고 보람을 느끼고 행복해지는, 더 긍정적이고 세련된 지속가능한 삶의 방식을 제시해보려 한다.

트렌드 전문가들은 지금을 '뷰카VUCA 시대'라고 부른다. 변덕스러움Volatility, 불확실성Uncertainty, 복잡성Complexity, 모호함Ambiguity의 첫글자로, 불확실하고 복잡한 지금의 세상을 표현한 말이다.

내일이면 어떤 전염병이 돌아 당장 어떻게 될지 모르는 세상이 되었다. 게다가 현대 사회의 문제는 너무나 복잡해서 모두가 행복하고 이로운 솔루션을 만들어내기가 여간 힘들지 않다. 그런데도 가장 확실한 지향점이 있다면 바로 지속가능한 삶이다. 코로나로 인해 기업 활동이 위축되고 국내외 경기가 안 좋아지면서, 각종 규제를 완화하려는 움직임이 있다. 그러나 지속가능성과 관련된 법과 규제만큼은 더욱 강화되면 강화되었지, 완화되지는 않을 것이다.

이렇게 불확실성의 시대에 가장 확실한 변화가 있다면 다음의 3가지다.

첫 번째는 사회적 가치 창출이다. 무슨 일을 하든 사회에 긍정적으로 기여할 수 있는 가치를 창출해야 한다는 것이다. 사회적 가치는 이미 공공기관의 경영 평가 지표로도 반영된다. 이는 우리나라만의 트렌드가 아니라 전 세계적으로 확산되고 있다. 사람들의 일상도 마찬가지여서, 원칙과 기본을 지키고 인권 보호와 상생을 추구하며 사회적, 환경적 문제 해결에 앞장서는 것을 포함한다.

두 번째는 사회적 책임 리더십이다. 리더십이야말로 가장 혁명적인 변화를 보여주는데, 카리스마와 성과로 대변되던 리더십의 덕목이 사회적 책임을 기반으로 하는 언행일치로 바뀌고 있다. 이제 각광받는 리더는 윤리성을 기반으로 조직을 바른 방향으로 이끌면서 중장기적 성과를 창출할 수 있어야 하며, 다양한 사회적, 환경적 리스크를 예방 및 관리하고, 다양한 이해관계자와 소통하고 상생할 수 있는 구조를 만드는 사람이다.

세 번째는 바로 지속가능성이다. 지속가능성은 이 시대를 관통하는 가장 확실한 변화의 핵심이자 삶의 기준이 되고 있다. 이는 지난 몇 년간 글로벌 트렌드를 분석하고 전문가를 인터뷰하고 기업의 경영 기조와 성과 등 각종 데이터 분석을 통해 도출한 결과이기도 하다.

지속가능성은 우리의 삶의 질과 미래 세대의 생존에 직접적으로 영향을 미칠 것이다. 이는 작금의 위기가 지속가능성을 충분히 고려하지 못해 일어났다는 분석이 지배적인 것으로도 알 수 있다. 불확실성의 시대는 불안감을 조성한다. 정신 상담, 명상, 집중력 강화 기기 등 불안과 관련한 산업이 급성장한 이유가 여기에 있다. 이제는 선택할 때다. 불안과 공존할 것인가? 아니면 지속가능한 삶의 방식으로 내 안의 평화와 행복을 적극적으로 만들어갈 것인가?

지속가능한 삶을 위한
태도, 습관, 예방 그리고 기술

· · ·

지속가능한 삶은 마음의 평화와 행복, 건강, 환경, 신뢰와 존중처럼 소중하고 가치 있는 것에 더 집중하는 삶의 태도이자, 삶을 더 밀도 있고 풍요롭게 가꾸어감으로써 더 많은 사람이 행복할 수 있는 상생의 고리를 만드는 생활 습관이다. 더불어, 지속가능한 삶은 주변의 잘못된 것을 바로잡고 건강한 삶을 방해하는 요소를 예방하는 것도 포함한다. 즉, 지속가능한 삶은 다음 세대까지 좋고 가치 있는 것이 이어지도록 하는 기술인 셈이다.

태도

영화 〈킹스맨〉에서 가장 인상적인 장면을 꼽으라면 아마도 "태도가 사람을 만든다Manners Maketh Man"라는 대사일 것이다. 훌륭한 사람, 가치 있는 사람, 잠재력이 있는 사람은 좋은 태도를 가지고 있다는 뜻이다. 태도는 일과 관계, 입장과 처지, 사물과 현상 등에 대해 기본적으로 가지고 있는 생각과 가치관과 마음가짐을 뜻한다. 이는 말과 행동 등으로 표현되고, 사람마다 다르다. 아무리 똑똑하고 돈이 많고 능력이 있어도 태도가 좋지 않으면 인정받기 힘들고 선한 영향력을 미치지 못한다.

태도는 그 사람이 어떤 사람인지 보여주는 가장 확실한 방법이다.

다른 사람과 일, 자기 자신을 대하는 방식 모두를 내포하기 때문이다. 그러므로 바른 생각을 가지고 옳은 행동을 한다면 바르고 옳은 사람이다. 기분에 따라 태도가 바뀌면 안 되듯, 좋은 태도는 누구에게든, 어떤 상황에서든 변함없어야 한다. 그런데 이런 태도를 잘 받아들이거나 긍정적으로 이해하지 못하는 사람이 있다면 그것은 그들의 생각이 잘못되었거나 마음의 그릇이 작아서다. 그러므로 좋은 태도를 가지고 좋은 사람이 되기 위한 노력을 계속해야 한다.

지속가능한 삶의 태도는 우리 모두에게 소중하고 가치 있는 것이 무엇인지 관심을 가지는 것부터 시작하여 사회적 통합과 문제 해결 그리고 환경적 영향에 도움이 되지 않는 태도를 버리는 것까지 포함된다. 목에 칼이 들어와도 지킬 것은 지킨다는 윤리적이고 도덕적인 태도, 사회의 다양한 문제에 관심을 기울이고 공감하는 태도, 자신이 할 수 있는 범위 내에서 최대한 참여하고 실행하는 적극적인 태도, 실패에서 배우고 다른 사람의 노력을 인정하는 긍정적인 태도 등은 지속가능한 삶을 위해 우리들이 갖추어나가야 할 핵심적인 태도다. 매사에 불평만 하고 실천하거나 참여하지 않는 부정적인 태도, "남들도 다 그래"라며 자신의 잘못된 행동을 정당화하는 태도 등은 어떤 경우에도 도움이 되지 않는다.

예를 들어, 우수한 품질과 뛰어난 디자인을 가진 제품을 생산하는 기업이라도 판매하는 사람들의 태도가 좋지 않으면 어떤 일이 벌어질까? 제품에 대한 매력이 반감되고 소비자의 구매욕이 사그라들 뿐 아니라, 기업 이미지도 떨어진다. 반대로, 제품에 문제나 하자가 있어서 수리, 교환, 환불이 필요한 경우 서비스를 제공하는 사람의 대응이 정성스럽고 친절하다면, 불쾌했던 마음도 수그러들고 오히려 기업 이미지가 제고되는 경우도 많다. 기업의 태도는 결국 돈을 버는 방식과 과정으로 드러난다. 좋은 태도를 가진 기업과 사람이 인류와 사회와 환경에 도움이 되는 공정과 기술과 제품과 서비스를 더 많이 선보이려고 노력하고 사회 혁신을 이루면, 고객으로부터 신뢰를 얻는 것은 당연한 일이다.

좋은 태도는 지식의 깊이와 상관없다. 아무리 능력이 뛰어나고 똑똑한 사람이라도 남을 배려할 줄 모르고 감사할 줄 모르면, 결국 성장하는 데도 한계가 드러난다. 조금 더 많이 알고 경험이 많다고 해서 다른 사람을 무시하거나 함부로 대하면 리더로서 성장하거나 존경받을 수 없다. 태도는 개인의 성장에 가장 지대한 영향을 미치는 요소 중 하나다. 배움에 대한 태도, 일에 대한 태도, 사람과 관계에 대한 태도에 따라 삶의 자세가 달라지고, 그에 따라 인생을 사는 습관이 결정된다. 이렇듯, 지속가능하고 밀도 있는 삶을 살기 위해 태도가 중요한 것처럼, 기업 경영, 사회 혁신, 리더십, 개인의 성장에 있어서 좋은 태도는 중대한 역할을 한다.

습관

오랜 시간 반복되어 규칙처럼 되었거나 여러 번 학습되어 굳어진 것을 습관이라고 한다. 영국의 전 수상이었던 마거릿 대처Margaret Thatcher(1925~2013)는 습관의 중요성과 태도에 대해 이렇게 말했다.

"생각을 조심하라. 너의 말이 된다.
말을 조심하라. 너의 행동이 된다.
행동을 조심하라. 너의 습관이 된다.
습관을 조심하라. 너의 인격이 된다.
인격을 조심하라. 너의 운명이 된다.
결국 우리의 운명은 생각대로 된다."

훌륭하고 좋은 태도가 습관이 되면 더 나은 운명을 적극적으로 개척할 수 있게 되고, 여러 사람에게 긍정적인 영향을 미친다. 다른 사람에게서 좋은 점을 찾고 공감하고 인정하고 지지하는 습관, 불평불만만 하지 않고 모든 일에서 배우고 경험하고 더 나은 대안을 제시하는 습관, 법과 원칙을 지키는 습관, 경청을 기반으로 올바르게 소통하는 습관 등은 내 삶을 더욱 따뜻하고 풍요롭고 가치 있게 만들어준다. 그리고 이러한 긍정의 에너지는 주변의 사람을 행복하게 만들고 공통의 문제들을 해결하는 데 기여하는 선순환을 형성한다.

비즈니스 습관의 경우, 부정적인 관행은 쉽게 만들어지지만 고치기가 여간 어렵지 않다. 갑질이 습관화된 조직은 파트너와의 상생에 관심이 없다. 안전이 습관화되지 않은 조직은 그렇지 않은 조직에 비해 사고의 위험이 월등히 높다. 말이 거칠고 비속어를 쓰는 습관을 가진 사람은 오해받기 쉽고 사회적 관계 형성에 어려움을 겪는다.

막 개업한 편집숍에 방문한 적이 있는데, 열정이 넘치는 눈빛을 가진 젊고 친절한 판매원이 안내를 맡았다. 그런데 손에 작은 수첩을 들고 다니며 틈 날 때마다 무언가를 열심히 적고 있었다. 그래서 무엇을 그렇게 적는지 물어보니, 손님이 궁금해하는 사항이나 구매 패턴, 동선, 점원의 응대에 대한 고객의 반응 등을 기록한다는 것이다. 더 나은 서비스를 제공하기 위한 자기만의 습관이라고 했다. 그 점원은 내가 스치듯 얘기한 디자인이나 원하는 컬러와 사이즈 등을 정확히 기억했고, 그에 맞게 좋은 물건을 추천해줬다. 그 점원은 2년 만에 매니저가 되었고, 지금은 자신의 매장을 운영하는 사장님이 되었다. 그러나 여전히 손에서 작은 수첩을 내려놓지 않는다. 이렇게 자신의 일과 사람을 대하는 좋은 태도가 습관이 되어서 멋진 결실을 맺은 사례는 너무나도 많다.

예방

세상을 바라보는 훌륭한 태도를 가지고 지속가능한 삶을 습관화하더라도, 불확실하고 빠르게 변화하는 시대에는 시시각각 발생하는 새로운 위험 요소를 예측하고 미연에 방지할 수 있어야 한다. 세계적인 기업가이자 투자자인 워런 버핏Warren Buffett은 "명성을 구축하는 데는 20년이 걸리지만, 이것이 무너지는 데는 5분도 걸리지 않는다. 이를 명심한다면 당신의 행동이 달라질 것이다"라고 강조하였다.

평소에 중요한 가치를 지키고 점검하며 예방하는 노력이 더욱 중요해지고 있다. 정보화 시대가 되면서 개인정보나 기업의 정보, 금융 정보나 국가 기밀이 유출되는 일이 잦아지고 있다. 평상시에 적극적으로 관리하고 교육하고 예방 활동을 하지 않으면 언제라도 주요 정보가 유출되어 지속가능성에 부정적인 영향을 미치는 일이 일어날 수 있다.

한편 음주운전, 산업재해와 같은 안전 문제, 인권 보호와 환경 문제 등, 지금 당장은 괜찮은 듯 보이지만 언제든지 삶에 큰 영향을 미칠 수 있는 사항은 반드시 예방해야 한다. 인명 피해가 발생하고 환경이 병들고 금전적 손해가 발생하는 등 큰 문제나 사건이 발생하기 전에 미리 예측해서 관리하고 방지할 수 있다면 얼마나 좋겠는가?

인류는 굳이 비싼 수업료를 지불하지 않더라도 무엇이 중요한지 판단할 수 있는 지혜와 지식을 가지고 있다. 지속가능한 삶의 방식은 일상과 주변을 깊고 세밀하게 살펴보고 다양한 사회 현상이나 문제를 인식하여 더 큰 문제로 발전하지 않도록 예방하는 것을 포함한다.

다양한 위험이 언제, 어떻게 내 삶에 영향을 미칠지 알 수 없는 세상에 살고 있다. 기업들이 리스크 예방과 관리에 집중하는 이유다. 평상시에 다양한 위험 인자를 예측하고 예방하고 관리하는 조직은 지속가능성에 부정적 영향을 미치는 요인을 현저히 줄일 수 있다. 조직의 리더로서 미래를 예측하고 업무와 관계에서 발생할 수 있는 다양한 위험 요인을 찾아 예방하는 것은 진정한 리더십의 덕목이다. 위험을 예방하려면 디테일을 놓치지 않는 탁월한 시야와 하는 일에 대한 진정성과 전문성을 갖추어야 한다.

개인이 성장하는 데도 예방은 중요하다. 사소한 실수로 발목을 잡히는 유명인의 사례는 너무도 많다. 한 번의 말실수, 한 번의 음주운전, 한 번의 거짓말, 아무 생각 없이 올린 SNS 피드, 누군가에 대한 비방, 비윤리적 소비 등 단 한 번의 실수로도 성공의 길에서 내려오는 요인이 되곤 한다. 그러므로 개인의 삶과 성장의 과정에서도 디테일을 살펴서 행동하기 전에 한 번 더 고민해야 한다.

연기자이자 래퍼인 양동근은 자신이 과거에 했던 욕설과 비방이 담긴 랩과 영상을 모두 지우고 싶다고 말한 적이 있었다. 자식이 태어나니 과거의 행동이 부끄럽고 그 가사와 영상이 자녀들에게 부정적 영향을 끼치지나 않을까 두렵다는 것이다. 이렇듯 부모의 실수나 범죄가 그대로 자식의 인생에 영향을 미치는 시대가 되었다. 내가 바르게 잘 사는 것이 자녀의 발목을 잡지 않는 중요한 예방법이기도 하다.

기술

기술은 다양한 의미를 내포한다. 누군가의 문제를 해결해줄 수 있는 혁신적인 기술을 의미하기도 하고, 일의 효율성을 높이거나 관계의 밀도를 높여줄 수 있는 소통의 기술 또한 해당된다. 선조들이 다양한 기록의 기술을 활용하여 사실과 지혜를 전수해주지 않았다면, 인류는 지금처럼 발전할 수 없었을 것이다. 기술은 태도, 습관, 예방을 실천하는 과정이자 방식이며, 선순환을 가능하게 한다.

지속가능한 삶의 노력을 통해 다음 세대까지 좋은 것, 가치 있는 것이 이어지게 하려면 다양한 기술이 필요하다. 그것의 핵심은 교육이다. 다음 세대의 생각을 바꾸고 실천하는 미래를 만들기 위해서는 과학적 근거, 실질적 솔루션과 대안, 명확한 삶의 방향을 제시해줄 수 있는 교육이 필요하다. 그러기 위해서는 지금부터라도 시행착오를 통해 배운 것을 데이터베이스화해야 한다.

각 분야에서는 이런 기술을 깊이 있게 연구하고, 언론 매체에서는 캠페인을 벌이며, 기업에서는 지속가능성을 접목한 제품과 서비스를 개발하고 출시해야 한다.

2019년 슬로바키아의 한 대형 슈퍼마켓에서 보기 드문 광경이 펼쳐졌다. 신선한 과일과 야채로 가득해야 할 선반이 텅텅 비어 있었던 것이다. 자연에서 과일과 야채를 수확하기 위해서는 꿀벌과 곤충이 꽃과 꽃 사이를 날아다니며 수분을 해주어야 한다. '꿀벌이 사라지면 인류가 멸망한다'는 말은 그래서 나온 것이다. 그런데 기후변화, 농약과 화학 비료의 무분별한 사용, 대기오염, 산림 훼손으로 인한 서식지 파괴 등 다양한 이유로 인간의 삶에 꼭 필요한 곤충의 수가 급격하게 줄어들고 있다. 이는 인류의 식량과 생존에 지대한 영향을 미친다. 슬로바키아의 슈퍼마켓의 이런 이벤트는 꿀벌과 곤충이 사라지는 것에 경각심을 불러일으키기 위해, 우리가 지금 행동에 나서지 않으면 전 세계 모든 슈퍼마켓의 채소나 과일 코너의 선반은 언제든 텅텅 비어 버릴 수 있다는 것을 보여주기 위한 캠페인이었다.

언제부턴가 과일과 농산물의 가격이 급등하면서, 유기농, 친환경 농산물을 먹는 것이 부유한 사람의 특권처럼 되고 있다. 그런 것을 보면 신선한 과일과 농산물을 더 이상 마음껏 먹을 수 없는 날이 오지 않을까, 그런 음식이 부유층의 전유물이 될 수도 있겠다는 두려운 생각도 든다. 지속가능한 삶을 위해서는 이러한 문제를 해결하는 실질적인 기술을 개발하여 그것이 산업화되고 일상에 스며들어야 한다.

태도, 습관, 예방, 기술은 지속가능한 삶을 내 것으로 만들고, 이를 확산하여 성과로 만들어내는 핵심 요건이다. 이 네 가지 요소는 지속가능한 삶의 방식에만 적용되는 것이 아니며, 기업 경영, 사회 혁신, 리더십과 개인의 성장에 이르기까지 어디에든 활용될 수 있다.

'직조하는 새'로부터
지속가능한 삶을 배우다

· · ·

자연에는 경이로운 풍경도 많고, 놀라운 삶의 방식을 보여주는 동물도 많다. 나는 그중에서도 집단 사회를 구성하여 살아가는 '집단길쌈새Sociable Weaver Bird'의 삶의 방식을 보고 큰 영감을 받았다.

이 새는 '집 짓는 새Weaver Bird'의 일종으로 남아프리카공화국에서 서식하는 참새과의 작은 새다. 새의 이름에 Sociable이라는 말이 들어 있는 것을 보면 굉장히 사회성이 높은 새임을 알 수 있다. 이들이 지어놓은 집을 보면 정말 놀랍다. 참새만큼 작은 새들이 풀잎을 주워 모아 정교하게 직조하여 거대한 공동 주택을 만들기 때문이다. 큰 나무나 전신주 같은 곳에 단단히 고정되어 있는 새의 둥지는 지구상의 새가 만든 구조물 중에서 가장 크다고 알려져 있는데, 100쌍 이상의 새가 집단으로 거주하고 대를 이어 살아갈 만큼 튼튼하다고 한다. 지금까지 확인된 것 중에는 100년이 넘은 둥지도 있다고 한다.

집단길쌈새는 서로 육아 도우미를 자처하고, 공동으로 둥지를 보수하며, 다음 세대가 좀 더 안전하고 좋은 환경에서 자랄 수 있도록 협조하는 태도와 습관을 가졌다. 포식자의 침입을 예방하기 위해 출입구 주변에 날카로운 막대를 설치하기도 하고, 주변에 먹이가 부족할 때는 먹는 양을 조절하기도 한다. 이들이 집을 만드는 기술은 대단한데, 둥지의 안쪽은 열을 간직할 수 있어서 밤에 잠을 잘 때 주로 활용하며, 바깥쪽 방은 낮에 열기를 피하는 용도로 활용한다. 무엇보다도 서로를 보호하는 끈끈한 습성과 지속적인 교육은 대를 이어 번성할 수 있는 역량이자 경이로운 삶의 방식이다.

요즘 루틴Routine이라는 말이 자주 쓰인다. 루틴은 규칙적이고 반복적인 일의 순서나 방법을 뜻한다. 어떤 사람은 아침에 일어나자마자 물을 마시고 명상하는 루틴을 갖기도 하고, 어떤 사람은 매일 아침 모

밀도 있는 삶을 위한 인문학

닝 페이지를 쓰기도 하며, 어떤 사람은 산책, 요가, 운동, 식이 등 건강을 위한 루틴을 만들기도 한다. 대부분 긍정적인 요소를 루틴으로 삼는다. 그도 그럴 것이 아무도 나쁜 것을 습관화하고 싶은 사람은 없기 때문이다.

요즘 사람들이 루틴에 관심을 가지는 이유는 힘겨운 일상에서 마음을 챙기고 건강을 가꾸는 좋은 태도와 습관을 만들기 위해서다. 좋은 태도와 습관은 나와 주변을 돌아보게 만들고, 다양한 리스크를 예방하게 하며, 회복 탄력성을 키우고, 더 나은 미래를 위한 기술을 배우는 데 기꺼이 시간을 투자하게 한다. 즉, 삶의 밀도를 높여준다.

태도, 습관, 예방, 기술을 바탕으로 하는 지속가능한 삶의 방식과 습관은 결국 나 자신에게도 좋지만, 다른 사람과 다음 세대에게도 긍정적인 영향을 미치며, 의미 있는 유산으로 남을 것이다.

가장 먼저 자신에게
지속가능한 삶을 선물하라

· · ·

내게는 '국내 1호 CSR 컨설턴트', '국내 최초의 지속가능경영 전문가' 등의 수식어가 붙는다. 20여 년 가까이 이 분야에서 일하고 매년 100회 정도의 강의와 강연을 하며 지속가능성의 중요성과 가치를 알리려고 노력하지만, 여전히 내가 하는 일을 신기하게 여기는 사람이

많다. 슬픈 얘기지만, 우리나라에선 참 돈 벌기 어려운 분야에서 일한
다고 측은하게 보는 사람도 있다. 어떤 사람들은 '좌파' 아니냐며, 멋대
로 사상의 잣대를 들이대기도 한다.

하지만 나는 내 직업에 대한 자부심이 높다. CSR 컨설턴트나 지속
가능 경영 전문가가 하는 일을 한마디로 표현하면 '등대'라고 생각하
기 때문이다. 기업을 포함한 조직과 사회의 지속가능성을 진단하고
분석하여 개선점을 도출하고, 사회적 책임성을 높이고 환경적 임팩
트를 줄이며, 이해관계자와 상생할 수 있으면서도 경제적 가치를 창
출할 수 있는 아주 구체적인 솔루션과 계획을 개발하고 제시해야 한
다. 더 나아가 수립한 계획을 실행할 수 있도록 지원하고 지속가능 경
영 보고서까지 발간한다. 세상의 편견과 싸워야 하고, 변화를 거부하
는 관행을 깨야 하기에 쉽지 않은 일이다. 그러나 사회와 기업이 당연
히 바라보아야 할 방향을 직시하도록 도와주고, 몰라서 못했던 것들
을 일깨워주며, 지속가능한 방향으로 길을 잃지 않고 갈 수 있도록 빛
을 비춰주는 등대와 같은 일이기에 보람을 느낀다.

사실 젊은 시절에, 나는 이른 나이에 성공하고 싶었다. 내 분야에서
전문가로 인정받고, 언론 매체에도 오르내리고, 돈도 잘 벌고, 강남 사
무실에 좋은 차도 굴리고, 해외여행도 다니면서 살면 그게 성공인 줄
알았다. 그때는 35살이 되기 전에 이런 것을 이루지 않으면 남들보다
뒤처진다고 생각했다. 그래서 앞만 보고 달리다 보니 정작 내 삶은 피
폐해졌다. 더 많은 강의와 컨설팅을 하기 위해 좋은 식사를 챙겨 먹고

건강을 돌보는 것은 사치였다. 내가 자는 동안 다른 사람들은 무언가 중요한 일을 할 것이라는 강박과 망상에 빠져 불면증에 시달렸다. 명품 옷과 구두를 신고 대기업을 컨설팅하고 교육한다는 자부심 이면에는 피폐한 정신과 육체가 있었고, 당장이라도 끊어질 것 같은 관계들이 위태롭게 정리해고를 기다리고 있었다.

그즈음 더 나은 컨설팅을 하고 기업 CEO들을 좀 더 깊이 이해하고 상담하고 솔루션을 제공하고 싶다는 욕심에 비즈니스 코칭을 전문적으로 배우는 아카데미에 들어갔다. 나는 얼리어답터의 성향을 가지고 있어서, 전문 분야에서는 누구보다도 먼저 새로운 지식과 정보를 알아야 하고 누구보다 새로운 방법론으로 더 나은 교육과 컨설팅을 해야만 직성이 풀렸다. 아마도 지속가능 경영 컨설팅에 코칭 기법을 적용한 최초의 전문가도 나일 것이다. 이런 점이 나를 성장시키기도 했지만, 한편으론 피폐하게도 만들었다. 그리고 비로소 비즈니스 코칭을 공부하면서 '경청'의 중요성을 깨닫고 '내 인생의 핵심 가치'를 찾게 되었다.

훌륭한 코치가 되기 위해서는 상대방의 얘기를 경청하고 깊게 이해하고 편견 없이 있는 그대로 공감할 수 있어야 한다. 코칭 수업 첫날, 옆에 앉은 파트너와 오후 내내 얘기를 나누었다. 지금까지 살면서 나의 이야기를 몇 시간이나 경청해준 사람이 없었고, 내 생각과 가치에 진심으로 공감해준 사람이 없었다는 사실이 슬펐다.

그렇게 살아온 인생을 얘기하면서, 지난 10여 년간 누군가의 지속가능성을 높여주기 위해서만 노력했지, 정작 나는 지속가능한 삶을 살지 못하고 있었다는 점을 깨달았다. 많은 기업을 컨설팅하고 수많은 강연을 하면서 돈을 벌고 물건은 채워나갔지만, 건강을 돌보지 못해 1년에 반은 감기를 달고 살았고 마음 한구석은 공허함으로 가득했다. 바쁘다는 핑계로 새로운 지식을 채우지 못해 항상 위기 의식을 느꼈고, 관계를 위한 노력은 제로였으며, 내가 뭘 해야 마음이 평화롭고 행복한지 기억조차 나지 않았다. 세상이 정해놓은 피상적인 성공을 좇아 하루하루 살아온 것이었다. 어쨌든 인간에게 있어 가장 큰 저주 중의 하나는 젊어서 성공하는 것이라는 어른들의 얘기를 그때는 이해하지 못했다. 만약 내가 성공의 기준으로 설정해놓은 35살에 인생과 커리어의 정점을 찍었다면 그 이후로 나는 계속 내리막을 걸어야 했을 것이다. 끔찍한 일이다.

그러던 어느 날, "60 이후에 성공하라!"라는 메시지와 마주쳤다. 이 짧은 문장을 본 순간, 그동안 내 가슴을 짓눌렀던 압박감이 눈 녹듯 사라졌고, 내 삶의 방식은 송두리째 바뀌었다.

한국으로 돌아와 사업을 시작하면서 많은 사람을 만났다. 고맙게도, 새롭고 미래 지향적인 분야에서 개척자 역할을 하는 내게 조언을 아끼지 않았다. 그런데 돌이켜 생각해보니, 진정성을 가지고 천천히 가더라도 제대로 일하고 사업해야 한다고 말해준 사람은 한 명도 없었다. 세금 덜 내는 방법, 직원에게 월급 덜 주고 일 더 시키는 방법, 근로기준법을 빠져나가는 방법 등, 다들 편법과 불법을 조장하고 쉽게 돈을 버는 방법을 알려주었다. 물 들어왔을 때 노 저어야 한다며, 남들도 다 그렇게 한다고들 말했다.

우리 사회가 건전해지고 지속가능해지려면 윤리성과 진정성을 기반으로 제대로 하려고 노력하는 사람들이 더 인정받고 돈도 더 잘 벌고 더 유명해지는 선순환이 이뤄져야 한다. 그렇게 되면 우리의 후배나 다음 세대가 가치 있는 성공을 배우게 될 것이다.

나이가 들면서 더해지는 지식과 경험과 연륜과 직관으로 더 많은 사람에게 긍정적 영향과 진실된 에너지를 전해줄 수 있다면 그 자체로 성공한 인생일 것이다. 더불어, 내 삶이 지속가능하고 행복해야 내 말에 진정성이 더해져서 더 큰 공감을 이끌어낼 수 있고, 더 오래 가치 있는 일을 할 수 있는 힘이 생긴다.

생각을 바꾸고 고개를 돌려보니 그동안 눈에 들어오지 않았던 가치 있는 것이 눈에 띄기 시작했다. 지금부터 조금씩, 천천히 성공을 향한 오르막길만 걷는다고 생각하니 저절로 행복해지고 여유로워졌다.

결국, 인생은 내가 한 선택의 결과물이라고 해도 과언이 아니다. 따라서 다른 결과를 내고 다른 삶을 살고 싶다면 다른 선택을 하라.

미국의 작가이자 사상가인 랄프 왈도 에머슨Ralph Waldo Emerson은 진정한 성공이 무엇인가를 깨닫게 해주는 글을 남겼다.

무엇이 성공인가

자주 그리고 많이 웃는 것,
현명한 이에게 존경을 받고
아이들에게서 사랑받는 것
정직한 비평가의 찬사를 듣고
친구의 배반을 참아내는 것
아름다움을 식별할 줄 알며
다른 사람에게서 최선의 것을 발견하는 것,
건강한 아이를 낳든
한 뙈기의 정원을 가꾸든
사회환경을 개선하든
자기가 태어나기 전보다
세상을 조금이라도 살기 좋은 곳으로
만들어놓고 떠나는 것,
자신이 한때 이곳에서 살았음으로 해서
단 한 사람의 인생이라도 행복해지는 것
이것이 진정한 성공이다.

　그의 글은 내 삶의 이정표가 되었다. 어쩌면 잘못된 성공의 정의와
세상이 정해놓은 성공의 잣대가 우리의 삶을 지속가능하지 못하게 만

들고 있는지도 모르겠다.

지속가능한 삶을 내 것으로 만들기 위해 가장 먼저 한 일이 법인을 없애고 혼자 일할 수 있는 체계를 만든 것이다. 직원들과는 파트너십을 구축하고 유동적으로 일할 수 있는 구조를 만들었다. 예전에는 더 많은 프로젝트를 수주하기 위해 영업에 노력과 시간을 들였는데, 이제는 그 시간을 더 깊이 있는 컨설팅과 강연에 할애하니 더 나은 결과가 나왔고 고객들은 더 만족하게 되었다. 모든 프로세스를 온전히 지속가능한 방식으로 구현하고 판매하는 제품 브랜드도 만들었다. 직접 해보지도 않고 다른 사람을 가르치는 데는 한계가 있었다. 지속가능 경영을 자문하고 강의하려면, 직접 사업을 통해 경험하고 새로운 방식을 먼저 적용해보고 최선의 솔루션을 찾아낼 수 있어야 한다고 생각했기 때문이다. 또한 어린이나 다음 세대를 위한 강연은 우선순위로 잡는다.

그러면서 서울 도심 한복판을 떠나 좀 더 자연친화적인 환경에서 살 수 있도록 준비했다. 가평에 잣나무 숲으로 둘러싸인 땅을 마련하고 집을 지어 자연의 에너지를 나누고 건강을 돌보는 삶을 만끽했다. 배고파서 찾아든 동물에게 물과 밥을 챙겨주고, 지속가능한 옷을 입고, 쓰레기를 줄이려고 노력하며, 지역에서 건강하게 농사지은 농산물을 중심으로 먹기 시작했다. 매주 소박하지만 마음 따뜻해지는 식사 모임을 이웃과 나누고, 집에 많은 사람들이 찾아와 강의를 듣고 상담하고 얘기를 나눌 수 있는 마이크로 스쿨도 오픈했다.

세상 일은 내가 바라는 대로 흘러가지 않는다. 그러나 선한 마음으로 진심을 다해 실천하려고 노력하다 보면, 그 근처까지는 인도해주는 것 같다. 내 삶은 화려하지는 않지만, 전혀 상관없다. 다른 사람의 눈에서 자유로워지는 순간, 내 삶은 내 것이 되고 그 자체로 충만해졌다. 이렇듯 삶의 밀도를 조금씩 높여가다 보니 행복의 열쇠를 찾을 수 있었다. 행복은 상황과 환경이 만들어주는 것이 아니다. 행복은 모든 것이 완벽하게 좋은 상태가 아니라, 모든 상황과 환경과 관계에서 좋은 것을 찾아내는 관점인 것이다.

지속가능한 삶은 멀리 있지 않다. 사명감으로 무장해야 할 수 있는 것도 아니고, 전문적인 지식이 필요한 것도 아니다. 사람마다 지속가능한 삶의 형태나 집중하는 방식도 다르다. 중요한 점은 내 마음의 평화와 행복을 찾는 것이다. 마음에 평화와 행복이 찾아오면 더 가치 있는 것을 볼 수 있는 여유가 생기고 삶의 밀도를 높일 수 있다. 그렇게 시작하면 된다. 그리고 우리는 언제든 다시 시작할 수 있다는 사실을 잊어서는 안 된다. 한번에 성공해서 이뤄내는 사람은 많지 않다. 마음 먹은 대로 잘 안 되었다면 다시 조정하고, 다시 시작하고, 다시 집중하면 된다.

지속가능한 삶,
실생활에 어떻게 적용할 것인가?

· · ·

지속가능한 삶의 방식을 일상생활에 적용할 때는 좀 더 즐겁고 꾸준한 여정이 되도록 해야 한다. 뭔가 숙제를 하듯이, 해야만 하니까 하는 것이 아니라, 나와 가족에게 좋고 즐거운 일이 되도록 하는 것이다. 나는 "지속가능성이 새로운 트렌드Sustainability is the new black"라는 말을 자주 한다. 지속가능성이 이제는 새롭게 떠오르는 시대적 대세이고, 지속가능성을 추구하는 삶이 멋지다는 뜻이다. 지속가능한 삶의 방식을 실천하는 사람은 그야말로 이 시대를 이끌어가는 멋진 사람들이다. 그런 이유에서일까, 선진국에서는 지속가능성 관련 학문과 직업이 유망한 분야로 각광받고 있다.

지속가능한 삶은 내가 할 수 있는 작은 일을 찾아서 실천하는 것에서 시작한다. 내가 삶의 중요한 가치로 삼고 있는 말 중에 하나가 "완벽함보다는 우선 실천하는 것이 낫다Done is better than perfect"는 것이다. 작은 것이라도 먼저 실천하는 것이 완벽한 것을 만들어내기 위해 기다리는 것보다 낫다는 뜻이다. 쓰레기를 줄이고, 일회용품과 플라스틱 사용을 최소화하고, 물, 전기, 기름 등을 아끼고, 법과 질서를 지키고, 윤리적, 도덕적으로 행동하는 것처럼, 내가 할 수 있는 쉬운 것부터 시작해보자. 작고 쉬운 일이지만 많은 사람들이 동참한다면 정말 큰 변화를 만들어낼 수 있다. "나 혼자 한다고 뭐가 달라지겠어?"와 같은 생각이 어쩌면 이 사회를 병들게 만들었는지도 모른다.

그다음에는 사회 및 환경 문제에 관심을 기울이고 해결 방법을 같이 고민하는 것으로 넘어간다. 관심을 갖는 것만으로도 문제가 해결될 가능성이 열리기도 한다. 세월호 이후 안전 문제가 떠올랐지만, 곧 많은 사람들의 관심이 수그러들면서 여기저기에서 안전사고가 일어나 젊은 노동자들이 숨지고 있다. 옳다고 생각하는 일에 더 많은 관심을 기울이고 공부하는 습관을 가진다면 이런 사고를 막을 수 있을 것이다.

이왕이면 사회 및 환경 문제에 도움이 되고 윤리적이고 건전한 방법으로 사업하는 제품과 서비스를 이용하는 스마트한 가치 소비의 실천도 지속가능한 삶을 실생활에서 실현하는 좋은 방법이다.

우리의 사고와 의식은 주위 사람에 의해 영향을 받는다. 스스로 인식하지 못하는 사이에도 끊임없이 다른 사람의 생각과 견해를 소비한다. 이것은 일종의 분위기 또는 문화를 만드는데, 다른 사람의 생각을 존중하고 서로를 배려하는 사람이 많은 조직은 그렇지 않은 조직에 비해 더 좋은 문화를 가지게 된다. 안전을 중요하게 생각하는 사람이 많다면, 우리의 의식에 안전이 자연스럽게 자리하게 된다. 이를 '집단의식'이라고 표현할 수도 있겠다. '집단의식'은 오랜 시간에 걸쳐 형성되는데, 긍정적이며 보편적인 집단의식은 사회를 발전시키지만, 부정적 집단의식은 계층을 나누고 통합을 방해하며 사회 발전을 저해하는 등 위험한 작용을 하기도 한다. 결국 사회 시스템과 삶의 방식은 우리의 의식에 의해 설계된다.

　좋은 생각을 가진 사람들이 이 사회에 많다는 것은 긍정적 집단의
식을 만들어갈 수 있는 여지가 있다는 뜻이다. 이 세상을 좀 더 나은
곳으로 만들고 싶다는 생각과 작은 실천만으로도 다른 사람에게 영향
을 미친다. 지속가능성을 저해하는 다양한 사회 및 환경 문제에 관심
을 기울이고 어떻게 해결할 것인지 고민하는 사람이 많다면, 이러한
의식 체계는 문제를 해결할 수 있는 솔루션을 만들어내고 사회 시스
템을 형성한다. 그렇게 해서, 지속가능한 삶의 방식은 문화가 된다.

2장
.
지속가능한
옷과 패션

우리가 입는 옷의 이면

· · ·

2007년 어느 날, 전혀 예상도 못한 전화를 받았다. 바로 방글라데시에서 걸려 온 전화였다. 방글라데시를 대표하는 산업은 섬유 가공 및 의류 제조업인데, 다국적 의류 브랜드들이 방글라데시 내의 크고 작은 협력 회사에 CSR과 지속가능경영을 요구하면서 시급하게 대응해야 하니 직접 살펴보고 도와달라는 것이었다. 전 세계에서 인구밀도가 가장 높으면서 최빈국 중 하나인 방글라데시에서 지속가능 경영이 필요하다는 사실에 호기심이 발동한 데다, 글로벌 의류산업의 지속가능 경영 최신 트렌드를 직접 확인하고 자문할 수 있다는 점에 끌려 비행기에 몸을 실었다.

방글라데시는 정말 낯선 모습이었다. 공항을 빠져나오자마자 여기저기에서 동전이라도 던져달라고 손을 내밀었고, 넓은 도로에 차선도 잘 보이지 않았으며, 지나가는 기차에는 지붕까지 빼곡하게 사람들이 타고 있었다. 저녁이 되면 전력 부족으로 강제 소등이 이루어졌다.

현지에 도착해서 확인해보니, 상황은 생각보다 심각했다. 의류 제조 시설의 안전을 포함한 작업 환경, 근로자의 인권과 노동권 보호, 물과 에너지 등 자원 사용의 효율성, 염색 공정의 안전성과 환경 보호, 온실가스 배출 관리, 준법-윤리 경영, 공급망의 책임 있는 관리 등 패션산업의 지속가능성을 강화하기 위한 의류 브랜드의 평가와 실행 요구가 강력하게 적용되고 있었다. 이러한 글로벌 스탠더드에 대응하지 못한 협력 회사와는 거래를 끊으면서, 상당히 많은 공장이 문을 닫고 수많은 사람이 일자리를 잃는 상황이었다.

지속가능한 라이프스타일을 얘기할 때는 우리가 보는 현상의 이면을 들여다볼 줄 알아야 한다. 안타깝게도, 10군데 이상의 공장을 다니며 자문하고 체계를 개선해주고 교육도 진행했지만 여전히 대부분의 의류 제조 공장에서는 인권, 노동, 안전 문제가 고스란히 남아 있고 주변 환경 오염도 극심했다. 특히 저가의 패스트패션fast-fashion 브랜드에 옷을 납품하는 공장은 상황이 더욱 열악했다. 언제 쓰러질지 모르는 공장 건물에서 수백, 수천 명의 작업자들이 열악한 환경에서 일하는 모습을 뒤로하고 돌아오면서 지속가능한 '의' 생활을 어떻게 실천하고 확산할 수 있을지 고민하고 연구하는 계기가 되었다.

값싼 제품에는
누군가의 눈물이 담겨 있다

• • •

2013년, 가슴 아픈 소식을 들었다. 방글라데시의 의류 생산 공장 중의 하나인 라나플라자 건물이 붕괴되면서 근로자 1,100여 명이 목숨을 잃는 참사가 벌어진 것이다. 이 일은 패스트패션에 대한 경각심을 일깨워주었고, 패션업계에 지속가능한 혁신을 요구하는 목소리에 불을 지피는 계기가 되었다.

CSR을 업으로 삼은 사람들은 "값싼 제품에는 누군가의 눈물이 담겨 있다"고 말한다. 아무렇지도 않게 입고 먹고 쓰는 제품이나 서비스의 이면에서 어떤 일이 벌어지고 있는지 대부분의 사람들은 신경을 쓰지 않는다. 물론 가격이 비싼 제품이라고 해서 괜찮은 것은 아니다. 영국을 대표하는 버버리는 제품 가격이 하락하는 것을 막고 브랜드 이미지를 유지하기 위해 오래전부터 매년 팔리지 않는 제품을 폐기하다가 적발되어 문제가 된 적이 있다.

이제는 친환경적이고 지속가능하며 자원을 아끼면서도 생산자의 안전과 기본적인 권리가 보장되는 제품을 만들어달라고 기업에 요구하는 수준을 넘어서, 소비자 스스로가 소비 습관과 제품 선택 기준을 확립해야 한다. 즉, 지속가능성 있는 브랜드를 선택하고 소비하는 '책임 있는 소비자Responsible Consumer'가 시장을 선도하는 시대가 되었다는 말이다. 얼마나 멋진 일인가? 가성비만 따지거나 유행이나 광고에 이끌려 소비하지 않고 나의 가치관이 이끄는 대로 소비한다는 것은 자본주의 사회에서 주체적인 삶을 살아가는 방법이다. 그렇게 하기 위해서는 소비하고 사용하는 제품의 이면을 들여다보면서, 어떤 과정을 거쳐 제품이 만들어지고 생산자, 공급망, 지역사회 등의 이해관계자에게 어떤 영향을 미치는지 알아야 한다. 이러한 정보를 직접 찾아보거나 기업에 공개하길 요구하는 것은 소비자와 고객의 당연한 권리다.

사실 기업에서 가장 두려워하는 것이 고객들이 정확한 정보를 요구하는 것이다. 정직하게 제대로 사업을 하는 사람들은 정보 공개에 대해 신경 쓰지 않는다. 오히려 자랑스럽게 공개할 것이다. 그러나 부정적인 이슈가 있거나 떳떳하지 못하다면 정확한 정보 공개야말로 가장 부담스러운 일이 된다.

두부를 예로 들어보자. 20여 년 전만 해도 시장에서 직접 만든 두부를 팔았다. 그러다가 원재료의 원산지 정보, 유통기한, 열량, 알레르기 경고, 소비자 보호 및 피해 보상 정보, 제조원과 판매원 정보 등 무수히 많은 정보가 필수 사항이 되자, 그러한 정보가 없는 제품을 소비자들이 신뢰하지 않게 되었다. 정확한 정보의 제공은 신뢰로 이어진다. 그러나 신뢰를 얻을 만큼 정확한 정보를 제공하려면 기업을 포함한 모든 사업자들이 실제로 변화하고 개선되어야 한다. 그것이 정보의 힘이고 고객의 힘인 것이다.

앞으로 지속가능한 비즈니스의 핵심적인 콘셉트는 순환경제Circular

Economy, 이해관계자 경영Stakeholder Management, 프로세스 비즈니스Process Business이 될 것이다. 어떤 사업을 하든 자원의 순환을 고려해야 하고, 이해관계자와 상생해야 하며, 그것이 가능한 프로세스를 구현해야만 지속가능한 비즈니스가 가능해진다. 지속가능성에 대한 고객의 관심과 책임 있는 소비자가 늘어날수록 정보에 대한 요구 수준도 높아질 것이다. 그런 정보를 바탕으로 가치관에 부합하는 브랜드인지 파악할 수 있기 때문이다. 그런 면에서 볼 때, 전 세계적으로 기업의 지속가능경영 노력과 성과와 계획을 담은 지속가능경영 보고서Sustainability Report 또는 ESG 리포트가 늘어나고 있다는 것은 어찌 보면 당연한 결과다. 영국, 프랑스, 싱가포르 등, 상장기업이라면 지속가능성과 CSR에 대한 노력과 성과를 담은 보고서를 공시하도록 법으로 정한 나라가 50개국이 넘는데, 점점 늘어나고 있는 추세다. 그러나 아직도 지속가능경영 보고서를 왜 발간해야 하는지, 어떤 정보들을 더 요구해야 하는지 관심을 가지거나 정확히 알고 있는 사람은 별로 없다.

지속가능성이 새로운 트렌드

• • •

지속가능한 라이프 스타일에 대해 많은 사람들이 선입견을 지니고 있는 것 같다. 지속가능한 삶을 살기 위해서는 자연인처럼 살거나 사회운동가가 되거나 현대 문물의 혜택을 과감히 포기해야 한다고 생각하는 사람들이 많다.

　물론, 지속가능성이라는 말이 유행하면서 실천하지도 않으면서 가볍게 떠벌리는 사람들 또한 많은 것도 사실이다. 공유 가치 창조Creating Shared Value, CSV가 유행한다 싶으면 정확한 개념과 의도 등 본질도 이해하지 못한 채 너나 할 것 없이 CSR의 시대는 가고 CSV 시대가 왔다고 호도한다. ESG(환경Environment, 사회Social, 지배 구조Governance)가 언급되니 ESG가 언제부터 나온 개념이고 CSR과의 연계성이 어떤지도 모른 채, 마치 새로 나온 개념인 듯 이제는 ESG의 시대라고 떠벌리는 사람들도 많다. 그런데 정작 더 크고 중요한 개념이자 전 세계인의 과제인 지속가능 발전 목표Sustainable Development Goals, SDG나 순환경제Circular Economy에 대해서는 크게 관심이 없는 것 같다. 진정으로 지속가능한 라이프 스타일과 경영을 추구한다면 경계해야 할 사람들이다.

　실제로 지속가능한 삶을 주장하는 사람들은 대부분 성공을 좇는 삶에 지치거나, 물질만능주의에 회의를 느끼거나, 환경문제의 심각성을 직접 경험하며 생각이 달라진 경우가 많다. 그들은 돌이켜 보니 중요한 것을 잃어버리고 살아왔다는 것을 깨닫게 되었다고 말한다. 어느 정도 성공하고 돈도 벌었지만 몸과 마음의 균형과 평화가 깨져 더 이상 지속가능한 삶을 살지 못하게 되었다는 것을 인식하게 된 것이다. 이를 해결하기 위해 이것저것 시도해보지만, 뜻대로 되지 않으면 도시를 떠나 자연에 귀의하거나 몸과 마음의 평안과 자녀의 행복을 위해 새로운 삶의 방식을 추구하기도 한다.

그런 사람들을 보면 변화의 필요도 느껴지고 공감도 가지만, 한편으로는 벗어날 수 없는 자신의 현실이 더 답답하게 느껴지기도 한다. 어느 정도 경제적인 여유가 있으니 그렇게 살 수 있는 것이라며 한탄을 쏟아내는 사람도 있다.

20여 년 전, 내가 지속가능경영을 공부하고 일과 삶에서 실천하려 애쓸 때부터 가졌던 고민이 "전부 포기하거나 어디론가 떠나지 않으면서도 지속가능한 라이프 스타일을 추구할 수 있는 방법은 없을까?" 하는 것이다. 대부분의 사람들은 먹고살기 위해 매일 치열하게 살아야 하고, 각박하고 힘든 도시의 삶을 견뎌낸다. 그러나 나는 지속가능한 라이프 스타일이 더 즐겁고 보람차고 꿈을 이루는 방향으로 나아가야 한다고 믿는다. 하기 싫은 일을 의무처럼 할 것이 아니라, 자기 자신을 위해 지속가능한 방식으로 사는 것이 세상을 이롭게 하는 데도 도움이 되는 방식이어야 한다.

특히, 자신을 표현하고 아이덴티티를 보여줄 수 있는 가장 쉽고 효과적인 방법인 의복과 패션은 지속가능한 라이프 스타일을 삶으로 끌어들이는 가장 쉬운 방법이자 즐겁게 실천할 수 있는 장치이기도 하다. 지속가능성을 패션으로 표현하는 것은 핫한 트렌드로 존경받는 리더들의 필수적인 생활 방식이다.

한때 생각 있는 유명 인사라면 탐스TOMS 신발을 신었고, 실리콘밸리에서는 페트병을 재활용한 파타고니아Patagonia의 플리스 조끼를 입는 것이 유행하기도 했다. 어떤 유명인이 터무니없는 고가의 옷이나 장신구를 걸쳤는데 하필이면 동물 학대 문제가 있거나 사회적, 환경적으로 부정적인 문제와 연관된 것이라면, 당장 이미지가 추락할 수도 있다. 비싼 옷을 입었다고 비난받는 것이 아니다. 스티브 잡스Steve Jobs는 검은 터틀넥과 리바이스 청바지 그리고 뉴발란스 운동화를 자신의 아이덴티티로 만들었다. 특별하지 않은 듯하지만 검정 터틀넥 티셔츠는 일본 디자이너 이세이 미야케Issey Miyake의 제품으로 한 벌에 30만 원이 넘는다. 이세이 미야케는 패션업계에서 혁신을 이룬 대표적인 인물인 만큼, 스티브 잡스도 옷을 선택하면서 그러한 가치와 스토리를 생각했을 것이다. 한편 페이스북Facebook의 마크 주커버그Mark Zuckerberg는 회색 티셔츠에 청바지, 운동화를 고집한다. 회색 티셔츠는 이탈리아를 대표하는 명품 브랜드 브루넬로 쿠치넬리Brunello Cucinelli의 것으로, 반팔 티셔츠 한 벌에 300달러가 넘는 맞춤 제품이다. 현재 이탈리아 패션업계를 리드하는 브루넬로 쿠치넬리는 무리한 성장을 추구하지 않으면서, 인본주의라는 경영 철학을 바탕으로 지속가능한 제품을 만들고 사업을 추진한다. 브루넬로 쿠치넬리의 창업자인 쿠치넬리는 지속가능한 경영과 라이프 스타일이 왜 중요하고 필요한지, 아주 잘 설명한다.

"저는 200~300년 이상 살아남는 회사를 만드는 게 꿈입니다. 그러기 위해선 조금씩, 천천히 성장하는 것이 비결이라고 믿습니다. 물론 매년 10~20%씩 가파르게 성장할 수도 있지만, 그랬다가는 반드시 탈이 납니다. 장인들은 매일 옷을 생산하느라 지칠 것이고, 창의성을 잃어버릴 겁니다. 그러면 새로운 성장 동력을 찾을 수 없겠죠. 소비자를 대상으로 하는 서비스 품질도 떨어질 겁니다. 브랜드 이미지는 바닥을 칠 거고요."

소작농으로 일하던 아버지가 지주로부터 인간적인 대우를 받지 못하고 모욕적인 언사에 눈물 흘리던 모습을 보면서 어린 쿠치넬리는 큰 상처를 받았다. 그는 노력하고 방법을 찾으면 서로 존중하고 상생하며 일하고 돈을 벌 수 있는 시스템을 만들 수 있다는 믿음을 가지고, 모든 사업 과정과 이해관계자들에게 휴머니즘이라는 철학을 적용하고 실천하려 노력한다.

그는 사람들이 캐시미어로 만든 스웨터는 잘 버리지 않는 것을 보고, 좀 더 오래 입고 구입하면 버리려 하지 않는 옷을 내놓기 위해 캐시미어로 된 제품을 만들기 시작했다. 최고의 캐시미어 제품을 만들기 위해 몽골과 중국의 파트너들과 상생 협력 체계를 만들었다. 직원들의 급여가 이탈리아 평균보다 20% 이상 높고, 직급에 상관없이 따뜻한 식사를 제공하며, 자유롭게 출퇴근하는 등 모든 면에서 지속가능한 노력을 기울이고 있다.

1978년 여성용 캐시미어 제품을 출시하면서 사업을 시작한 브루넬로 쿠치넬리는 1,300년이 넘는 역사를 가진 이탈리아의 작은 마을 솔로메오Solomeo에 오래된 성을 구입하고 사업의 기틀을 만들기 시작했다. 예술적 영감과 역사적 가치에도 불구하고 쇠퇴한 솔로메오 지역을 되살리고 지역 주민과 상생 시스템을 만드는 여정은 브루넬로 쿠치넬리가 성장해온 과정 그 자체다. 회사가 운영하는 솔로메오 스쿨은 현재 일하고 있는 장인이 장인을 육성하여 세계 최고의 옷을 만든다. 또한 지역을 재건하면서 스스로 성장할 수 있는 역량을 갖출 수 있도록 도와준다.

쿠치넬리는 휴머니즘 없이는 좋은 제품은 나올 수 없다고 말한다. 그는 거창한 말로 포장하지 않고 좋은 생각과 철학을 꾸준히 실천하면서 솔루션을 찾는다. 그리고 인간이 인간다운 대접을 받으면서 일하고 사업하고 수익을 창출할 수 있도록 하는 시스템을 만들고 있다.

나는 쿠치넬리의 팬인지라, 이탈리아를 갈 때마다 브루넬로 쿠치넬리의 매장을 꼭 찾는다. 그중에서 피렌체 매장의 직원을 잊을 수 없다. 코발트블루의 정장을 멋지게 차려입은 백발이 성성한 노신사가 나에게 말을 걸었다. "우리 브랜드에 대해 알고 있나요?" 나는 대충은 알지만 좀 더 깊이 알고 싶다고 대답했고, 그렇게 시작된 대화는 한 시간을 넘어갔다. 그는 에스프레소를 내려주고 오래된 사진도 보여주었다. 브랜드 스토리는 물론이고, 솔로메오 스쿨을 다니며 어떻게 자신의 인생이 달라졌는지 이야기했다. 솔로메오에서 일하는 방식, 지속가능성과 명품에 대한 자신의 생각 등등 그가 전해준 이야기는 내가 꿈에서 그리던 사업 방식이었다. 특히 확신에 찬 눈빛이 모든 것을 말해주고 있었다. 제품 하나를 팔기보다는 브루넬로 쿠치넬리라는 브랜드를 존경하게 만드는 마술 같은 시간이었다. 마크 주커버그가 브루넬로 쿠치넬리의 옷을 고집하는 이유 또한 이러한 가치를 담은 옷으로 자신의 사고방식을 표현하고 싶기 때문일 것이다.

　"지속가능성은 새로운 트렌드"라는 말은 지속가능성이 새로운 기준이 되면서 가장 멋진 것이 되었다는 의미다. 지속가능한 패션을 추구했더니 의류산업 및 환경에 긍정적인 영향을 미칠 뿐 아니라 나를 좀 더 가치 있고 멋진 사람으로 만들어준다는 말이기도 하다. 작은 생각의 변화와 관심으로 두 마리 토끼를 잡을 수 있는 셈이다.

의미와 가치를 입다

· · ·

　2020년 2월 9일, 제92회 아카데미 시상식에서 〈기생충〉만큼은 아니지만 배우들의 지속가능한 패션과 그런 가치를 담은 수상 소감이 큰 관심을 끌었다. 작품상을 발표하기 위해 무대에 오른 제인 폰다는 시상식 행사에서는 보기 드물게 5년 전 칸영화제에서 입었던 붉은색 드레스를 다시금 입고 나왔다. 이는 환경을 위해 더 이상 불필요한 소비는 하지 않겠다는 의지를 표현한 것이었다. 한편 붉은색 코트는 기후변화에 빠르게 대응하지 못하는 정부에 반감을 표시한 것이라고 한다. 1978년 그녀가 아카데미 여우주연상을 받은 〈귀향〉에서 본 젊은 시절의 모습보다도 더욱 멋있고 아름답게 느껴졌다.

　영화 〈조커〉로 남우주연상을 수상한 호아킨 피닉스는 시상식 시즌 내내 같은 턱시도만 입고 나타났는데, 지속가능성을 디자인의 핵심 가치로 생각하는 영국의 디자이너 스텔라 매카트니의 제품이라고 한다. 그도 마찬가지로 불필요한 소비, 동물 보호, 패스트패션에 의한 자원 낭비와 인권 문제 등 다양한 사회적 문제에 대한 의지를 표명한 것이다.

이외에도, 마고 로비 같은 배우는 빈티지 드레스를 선택했고 시얼샤 로넌은 기존의 드레스를 재치 있게 수선하는가 하면, 플라스틱을 재활용하는 등 친환경적이고 지속가능한 소재로 만든 의상이 주목받았다.

인간이 동물과 다른 점이 있다면 바로 옷을 입는다는 것이다. 날씨, 전쟁 등 외부 환경으로부터 몸을 보호하고 직업과 신분과 지위를 나타내는 도구로서의 옷이 이제는 나를 표현하고 가치를 드러내며 사회적 문제를 해결하는 매개체가 되었다.

미닝 아웃Meaning Out이라는 말은 의미나 신념을 뜻하는 Meaning과 나타내고 드러낸다는 의미를 가진 Coming out이 결합된 신조어로, 소비 행위로 신념이나 가치관을 명확하게 보여주는 현상을 나타낸다. 가격이 조금 비싸더라도 내가 추구하는 가치에 부합하고 나의 신념을 보여줄 수 있는 제품이라면 기꺼이 구매하고 스스로 마케터를 자처하며 세상에 알리는 경우가 늘어나는 추세로 미루어 소비 문화의 변화를 확인할 수 있다. 영국 해리 왕자의 부인인 메건 마클 왕자비가 버려진 페트병과 해양 쓰레기를 재활용하여 만든 로티스Rothy's라는 신발을 즐겨 신는 것은 자신의 신념을 보여주는 굉장히 전략적인 선택이다.

나는 세대별로 구분하여 그 특징을 분석하고 일반화하는 것을 그다지 좋아하지 않는다. 사람마다 타고난 성품이 다르고 외부 환경도 다르기 때문이다. 그런데 전혀 다른 세대적 특징을 가지고 있고 그 역할을 기대하는 세대가 바로 MZ세대(밀레니얼세대와 Z세대)와 욜드세대(YOLD, Young Old의 줄임말)다.

밀레니얼세대는 1981~1995년, Z세대는 1996~2012년에 태어난 세대를 말한다. 기업이 가장 주목하는 세대일 텐데, 미래 소비를 책임질 세대이기도 하고 전혀 다른 환경에서 자란 세대이기 때문에 이들의 지갑을 열기 위해서는 다른 접근이 필요하다. 특히, 빠르게 변화하고 젊은 고객이 소비 트렌드를 주도하는 패션 산업에서는 더욱 고민이 많다. 밀레니얼세대는 디지털 발전과 혁신을 몸소 겪은 산증인이고, Z세대는 디지털 시대 한가운데 태어난 원주민이다.

그래서 이 세대를 전혀 다른 인종으로 분류하기도 한다. MZ세대는 자유로운 소통과 적극적인 자기표현에 익숙하다. 사이버 공간에서는 더욱 그렇다. 이들은 스스로 다르다는 것을 알고 있다. 그들은 다양하고도 색다른 방식으로 자신을 나타내고 신념을 표현하려 노력한다. 그들과 이야기를 나누면 놀라울 정도다. 아이돌을 좋아하지만 맹목적이지 않고, 선한 영향력이나 긍정성, 사회적, 환경적 가치에 대한 신념과 태도까지 중요한 평가 지표가 된다. BTS가 전 지구적 현상이 된 이유도 이런 면이 크게 작용한 것으로 본다. MZ세대는 코로나를 시작으로 앞으로 급격하게 펼쳐질 디지털 산업 혁명, 미세먼지와 같은 환경오염과 기후변화, 쓰레기 대란, 일자리 부족, 사회적 불평등, 고령화, 100세 시대 등과 같은 경제적, 사회적, 환경적 핵심 문제를 맞닥뜨리고 해결해가야 할 자기 책임의 세대다.

그렇다면 욜드세대는 어떤 의미가 있을까? 그들은 MZ세대가 지속 가능하게 살아갈 수 있는 경제적, 사회적, 환경적 가치 체계와 시스템을 만들어줄 수 있는 마지막 세대이기에 자기 결정의 세대라고 할 수 있다. 베이비부머 세대로 잘 교육받고 자란 만 65~75세의 젊은 노인으로, 우리의 사회 시스템과 경제 활동의 주역이며 그 발전 과정을 목격했거나 주도했고, 경제력을 가지고 있지만 다양한 걱정거리를 안고 살아가는 세대다. 언제든지 행동할 준비가 되어 있고 은퇴 후에도 적극적으로 경제 및 사회 활동에 참여하려 한다. 정부의 예측에 따르면, 2030년의 욜드세대는 1천만 명이 넘어설 것으로 보고 있다. 이와 비슷한 용어로 액티브 시니어Active Senior, 오팔Old People with Active Lives, OPAL 등이 있다.

이미 고령사회에 접어든 우리나라는 지속가능한 의식을 가진 욜드세대에게 거는 기대가 크다. 이들은 건강하고 행복하게 나이를 먹기를 바라므로 소비 패턴도 이에 따른다. 예전에는 노인의 취미가 등산뿐이었다면 이제는 요가, 댄스, 스킨스쿠버, 유튜브, 봉사활동 등 다양한 취미를 누린다. 또한 건강, 미용, 패션에도 투자하고 자신의 개성을 드러낸다. 유명 관광지 중심으로 돌아보는 단체 관광보다는 현지에서만 할 수 있는 경험에 투자하는 개별 여행에 더 관심이 많다. 욜드세대가 다양한 사회생활을 하면서 얻은 지식과 경험과 정보가 인생 후반부를 어떻게 살아갈 것인지 결정한 셈이다.

내 퍼스널브랜딩 강의에 신청하는 사람 중 30% 정도가 50~60대의 욜드세대다. 이들에게 건강하게 나이 드는 것은 신체적 웰빙보다 중요하다. 자신이 살아온 인생을 돌아보고 자신의 경험과 노하우를 활용하여 더 나은 세상을 만드는 데 기여하고 영향을 미치길 바란다. 패션과 스타일에도 관심이 많아서 무조건 명품을 찾지 않고, 가치 있고 스토리가 있는 패션으로 자신을 표현하고 싶어 한다. 미국 와튼스쿨의 조나 버거Jonah Berger 교수는 이를 자기 표현적 소비Identity Signaling Consumption라고 부른다. 자기표현적인 소비를 하기 위해서는 브랜드의 철학, 상징성, 제조 과정, 추구하는 의미와 비전, 사회 및 환경에 미치는 영향, 휴머니즘 등 대한 관심을 가지고 공부해야 한다.

물론, 모든 욜드세대가 그런 것은 아니다. 자신의 경험과 지식에 갇혀 오히려 공감 능력이 떨어지고 편견과 오만으로 가득 차거나 모든 것을 비판적, 회의적으로 보는 사람도 많다. 지속가능성이 또 다른 기회인데도 근시안적인 태도로 일관하는 의류 브랜드와 마찬가지다.

지속가능한 패션은 상식이다

· · ·

대표적인 패스트패션 브랜드인 H&M도 지속가능 경영을 표방하며 2030년까지 100% 재활용 또는 지속가능한 방식으로 만들어진 소재만 제품 제조에 사용하겠다는 목표를 발표하였다. 명품 업계도 다르지 않다. 브랜드가 가지는 역사와 헤리티지를 계승하면서 최고의 장인들이 최고의 소재를 가지고 자신들만의 독창적인 제품을 만드는 것이 명품의 특징이다. 그런데 최근 명품 브랜드의 미래 방향성과 핵심 가치를 보면 지속가능성을 공통적으로 언급한다. 각종 규제 때문이기도 하지만, 높아지는 고객의 인식과 지속가능한 패션 브랜드의 약진이 명품업계에 자극을 주고 있는 것이다.

뱀이나 악어가죽으로 만든 명품 가방을 들고 모피 코트를 입는 것은 시대착오적인 패션으로 평가받는다. 악어가죽 가방을 만드는 과정을 보면 그 이유를 알 수 있다. 알에서 갓 부화한 악어는 쓸 만한 크기로 성장할 때까지 상처 하나 없는 가죽을 얻기 위해 개별 욕조에 가두어 사육당한다. 이것은 그나마 양호한 편이다. 공장식 사육 환경은 차마 볼 수 없을 만큼 잔인하다. 또한 밀렵당한 뱀은 산 채로 가죽을 벗기는 것은 물론이고 가죽을 늘이기 위해 물을 강제로 부어 먹여서 몸을 부풀린다.

에르메스Hermes의 악어가죽 버킨백을 하나 완성하려면 악어 3마리분량의 가죽이 필요하다고 한다. 4천만 원을 호가하는 가방이지만, 그 제조 과정을 잘 들여다보면 들고 싶은 마음이 사라진다. 그 이름을 따온 제인 버킨Jane Birkin조차 버킨백에 자신의 이름을 쓰지 말아달라고 요청했을 정도다.

오리털, 거위털 패딩도 마찬가지다. 겨울철이면 많이 입는 옷인데, 오리털, 거위털이 어떤 과정을 거쳐 옷이 되는지 살펴볼 필요가 있다. 보통 오리털, 거위털 패딩 한 벌을 만드는 데 무려 15마리 이상의 오리나 거위의 솜털이 필요하다고 한다. 그런데 솜털은 살아 있는 오리나 거위의 털을 강제로 뽑은 것이다. 패딩 제작업체에 들른 적이 있었는데, 사육 환경도 엉망인 데다가 털을 뽑을 때의 비명 소리는 아직까지도 트라우마로 남을 정도다. 오리나 거위는 마취도 없이 6주마다 한 번씩 강제로 털을 뽑힌다. 그 과정에서 가죽이 찢어지기도 하는데, 작업자들은 눈 하나 깜박이지 않고 바늘과 실로 상처 부위를 꿰맨다. 살아 있는 생명의 피와 눈물로 만들어진 제품이 과연 이 지구의 선순환에 도움이 될까 싶다.

패딩 브랜드의 대명사인 캐나다구스Canada Goose는 진정성 있는 브랜드 스토리로 지금의 성공을 이루어냈다. 이들은 동물 보호나 환경 문제가 중요한데도 지속적인 성장을 거두고 있다. 1957년 외조부가 만든 작은 산업용 의류 생산 공장으로 시작해서 3대째 운영하고 있는 데니 리스 대표는 생산 비용을 낮추고 대량 판매하여 단기 수익을 극대화하기보다는, 양보다 품질을 우선시하고 메이드 인 캐나다Made in Canada의 신뢰를 심어주기 위해 지속가능 경영을 펼쳐왔다.

실제로 캐나다구스의 모든 제품은 장갑류를 제외하고는 100% 메이드 인 캐나다라고 한다. 인건비 때문에 중국이나 방글라데시로 공장을 이전하면서 캐나다 의류 제조 산업 자체가 붕괴되었는데도 캐나다구스는 굳건히 그 자리를 지키며 한 번 사면 버리지 않는 옷을 만들어서 추위로부터 자유로워지는 경험과 진정성 있는 스토리를 고객에게 제공한다. 높은 품질의 제품을 만들어내기 위해서는 숙련된 작업자가 필요한데, 캐나다구스는 교육 기관을 설립해서 역량 있는 작업자를 배출한다. 지금껏 3,500명 이상을 고용하면서 지역경제를 활성화한 것은 물론, 캐나다를 대표하는 의류 산업의 파수꾼 역할을 하고 있다.

오리털, 거위털을 잔인한 과정을 거쳐 생산하는 문제에 대해서도 일찌감치 그 심각성을 인지하고 변화하려는 노력을 기울였다. 오리와 거위의 사육 환경을 개선하여 동물 복지를 실천하고, 털을 강제로 뽑는 대신 흘린 털을 주워서 사용하거나 고통스럽지 않은 방식으로 생산된 털을 주로 사용하려 한다. 물론 여전히 갈 길은 멀다. 패딩 모자에 달려 있는 천연 모피는 코요테의 털을 쓰는 등 여전히 동물 학대 문제에 노출되어 있어서 불매하는 고객들 또한 많다.

그렇게까지 신경 쓰면서 살아야 하느냐고 반문하는 사람들도 많다. 그러나 이런 문제는 우리의 삶에 다양한 방식으로 직간접적인 영향을 미친다. 일하던 공장이나 회사가 인건비 상승을 이유로 해외로 이전하면서 산업의 토대가 흔들리고 일자리를 잃은 사람이 얼마나 많은

가? 공장형 가축 사육 시스템은 항생제를 남용하게 되고 온실가스 등 환경오염을 일으킨다. 친환경적인 원단이라고 착각하지만 면을 만드는 과정에서 엄청난 양의 물을 사용해야 한다. 특히, 청바지는 보통 면을 생산할 때보다도 600배 이상의 물을 더 소비하게 된다고 한다. 그래서 리바이스와 같은 청바지 브랜드는 물 사용을 현저히 줄인 지속가능한 청바지를 출시했다고 강조한다. 한편 천을 염색하는 과정에서 유해 화학물질이 유출되어 토양과 하천으로 스며든다. 뿐만 아니라, 아동 노동과 불공정 거래 등 각종 사회문제를 야기하기도 한다.

몰라서 못했다는 말은 핑계에 지나지 않는다. 지속가능한 패션과 패스트패션의 문제점, 각 브랜드의 스토리와 가치를 담은 정보가 인터넷에 넘쳐나기 때문이다. 옷을 살 때 몇 분이라도 할애해서 그 브랜드의 철학과 제조 과정, 사회적, 환경적 영향력을 살펴본다면 쇼핑은 즐거운 학습의 시간이자 자신의 개성에 가치를 입히는 순간으로 업그레이드될 것이다. 옷 한 벌을 사 입을 때도 지속가능성을 신중히 고려하는 사람들이 늘어나면서 뉴노멀 시대의 상식으로 자리 잡고 있다.

프라이탁,
가방 하나가 보여준 변화의 영향력

• • •

내가 5년째 매일같이 들고 다니는 가방이 있다. 버려지는 트럭 방수천을 재활용해서 만드는 업사이클Up-cycle 브랜드 프라이탁Freitag이다. 가방끈은 폐차 안전벨트를 재활용하고, 가방의 테두리 마감 고무는 폐자전거 타이어의 안쪽 튜브를 재활용한 것이다.

2017년 가을, CSR 우수 기업 벤치마킹을 위해 기업 담당자들과 함께 유럽으로 향했다. 스위스 USB 은행 본사를 가기 위해서였는데, 시간을 쪼개서 취리히에 있는 프라이탁도 잠깐 들르기로 했다. 취리히 프라이탁 본사 근처에 있는 플래그십 스토어에 들어서면 가장 먼저 "낭비가 싫다I Hate Waste"라는 문구가 눈에 들어온다. 쓰레기를 만들지 않고 줄이는 데 기여하겠다는 기업의 철학을 가장 잘 표현하는 말이다. 매장 건물도 버려진 컨테이너를 재활용하여 만든 업사이클 건물인데, 컨테이너로 만든 빌딩 중에는 가장 높아서 꼭대기에는 취리히를 한눈에 담을 수 있는 전망대도 있다.

내가 이곳을 보고 놀란 것은 전 세계의 젊은이들이 프라이탁 매장에 많이 모여 있어서만은 아니었다. 그곳에서 여러 사람들과 얘기를 나누어보았더니, 그 수많은 젊은이들이 프라이탁의 가치에 공감하는 사람들과 소통하고 직접 가방을 구매하기 위해 취리히에 왔기 때문이었다. 가치를 담은 브랜드가 어떻게 문화가 되고 사람들의 행동을 변화시키는지 확인할 수 있었다.

내가 들고 다니는 가방도 스위스 현지 가격으로 30만 원 정도다. 어떤 사람들은 쓰레기로 만든 제품을 너무 높은 가격에 판매한다고 비판하기도 한다. 또 어떤 사람들은 가방을 팔기 위한 강제 업사이클링

이 아닌가 하고 의심하기도 한다.

유럽 대륙을 횡단하는 트럭의 방수천은 정기적으로 교체되는데, 태우기 어려워서 땅에 묻어서 처리한다. 그런데 잘 썩지 않아서 오랜 시간을 거쳐 토양과 하천을 오염시키곤 한다. 프라이탁은 이렇게 버려지는 트럭 방수천에 새 생명을 불어넣는 것만으로도 가치가 있는 것이다. 게다가 수작업으로 세척하고 해체하고 재단하여 가방을 만들기 때문에 모든 가방이 유니크하다. 세척하는 과정에서도 세제를 쓰지 않으며, 빗물을 모아 세척에 활용한다고 설명한다. 5년 이상 사용하여 수명을 다한 트럭 방수천이 가방으로 재탄생하기까지 무려 55일이 걸린다고 하니 쓰레기로 만든 명품인 셈이다. 매장에는 같은 제품이 거의 없을 정도로 컬러가 다양하며, 메신저 백은 가방을 멘 채 자전거를 타기 편하게 디자인되어 있다. 당연히 방수도 되고 내구성이 좋다.

쓰레기를 줄여 지속가능성에 기여하려는 프라이탁의 노력은 의류용 섬유 개발에 이른다. F-abric이라 이름 붙인 이 소재는 최대한 건강한 방식으로 유럽에서 재배한 삼베 등 천연 재료를 활용한 것으로, 원재료가 유럽에서 생산되므로 운송 과정에서 발생하는 탄소 배출량도 최소화할 수 있다. 이 소재로 만든 옷은 수명이 다해 버려도 전혀 죄책감을 느낄 필요가 없다. 땅에 묻으면 100% 생분해되어 자연으로 돌아가기 때문이다.

유엔환경계획UNEP에 따르면 전 세계 탄소 배출량의 10% 정도가 패션산업에서 배출되는데, 이는 항공 및 해운 산업 배출량을 합한 것보다도 많다. 어떤 연구자들은 인류가 화학 세제와 건조기 사용만 줄여도 각종 환경오염을 현저히 줄일 수 있을 것이라고 말한다. 그만큼 현대인의 삶에서 패션이 차지하는 비중과 영향은 크다. 2000년에 비해 2018년에 사람들의 의류 구입 비율이 약 60% 가까이 늘었다(맥킨지앤컴퍼니). 2020년에는 코로나로 인해 외출복 소비는 전반적으로 줄어들었지만 홈웨어나 운동복 등 뉴노멀형 의류 소비 패턴이 눈에 띄게 증가하고 있다.

앞으로는 옷을 입을 때도 생각과 가치를 드러내고 지속가능성을 고려하는 브랜드를 선택해보자. 그 과정이 즐겁고 자부심을 느낄 수 있기를 바란다.

지속가능한 패션의 혁신

· · ·

요즘에는 지속가능한 혁신을 통해 브랜드의 가치를 알리고 영향력을 키워가는 패션 브랜드들이 나타나고 있다.

올버즈Allbirds는 양모, 사탕수수 등 자연의 소재를 활용하여 신발과 옷을 만드는 브랜드다. 양모를 머리카락의 20% 굵기로 뽑아내는 혁신적인 기술을 적용하면서, 착용감도 뛰어나고 제조 과정에서 탄소 배출량, 에너지 사용량 등을 현저히 줄일 수 있었다. 요즘 IT 기기들이 소프트웨어 업데이트를 통해 전혀 새로운 기능을 탑재하듯, 올버즈는 지속가능하고 편안한 소재나 기술이 있으면 빨리 업데이트하는 시스템을 만들고 있다.

버락 오바마, 레오나르도 디카프리오 등 지속가능성에 대한 가치와 혁신적 기술에 공감한 많은 유명인들이 올버즈의 신발을 신고 스스로 홍보 담당자가 되어준 덕분에 이 회사는 14억 달러(한화 약 1조 6,618억 원)의 가치를 지닐 만큼 성장하였다. 지속가능성을 추구하고 사회-환경적 가치를 핵심으로 하는 비즈니스는 아직 시장이 작고 소비자들의 인식이 부족해서 사업적으로 성공하기 힘들다고 말하는 것은 이제 옛날 얘기가 되었다. 시장이 작은 것이 아니라 시장의 공감을 얻고 가치를 중요하게 생각하는 소비자들의 지갑을 열 만큼 진정성 있는 스토리와 혁신을 보여주지 못했기 때문이라고 생각한다.

최근 가장 관심이 가는 브랜드가 에버레인Everlane이다. 아주 적극적으로 제품의 원가를 공개하는데, 가격뿐만 아니라 원재료와 원산지 정보, 제조처와 작업장 환경, 탄소 배출량, 배송비 등 프로세스별 원가를 투명하게 공개하고 있다. 정보의 투명성과 더 많은 정보 공개의 필요성이 커지는 지금 에버레인의 신선한 혁신은 친환경 제품이나 지속가능성을 추구하는 제품은 비싸다는 선입견을 씻어줄 것으로 본다. 이는 명확한 가치를 설정하고 그 가치를 추구하기 위해 치열하게 고민하고 노력하면 분명히 적절한 해법이 있음을 알려주는 사례이기도 하다.

평범하고 일상적인 것을
만드는 방법을 다시 생각할 때

· · ·

나는 지속가능경영 분야에서 일하기도 하고 지속가능한 라이프 스타일을 추구하고 있기 때문에 전 세계의 지속가능한 브랜드들을 찾아서 공부하고 만나보고 경험하고 사용해본다. 그 과정이 너무나 즐겁고 보람을 느낄 때가 많다. 어떻게 보면 내 삶의 일부가 된 것 같다. 그래서인지 많은 사람들이 나를 보면 지속가능한 브랜드들을 떠올리고 알아봐준다. '지속가능성을 일과 삶에서 실천하는 전문가'라는 말은 내가 가장 듣기 좋아하는 말 중의 하나이고, 가장 차별화된 경쟁력을 가진 포인트라고 생각한다. 실제로 내가 직접 경험하고 써보지 않고서는 느낄 수 없으며, 내 삶이 지속가능해지면 내 말과 행동과 일에 신뢰가 더해지고 더 많은 공감을 이끌어낼 수 있다고 믿는다.

지금 내가 신고 있는 신발은 프랑스 브랜드 베자VEJA다. 두 사람의 창업자는 원래 지속가능 경영과 CSR 활동 등을 조사하고 연구하는 비영리 단체를 운영하던 사람들이었다. 그런데 어느 날 남미, 아시아, 호주 등지의 의류 공장과 식품 공장을 방문하고 큰 충격에 빠졌다. 우리가 소비하고 일상적으로 사용하는 제품과 물건이 어떻게 만들어지는지 확인했던 것이다. 기업의 멋진 구호와는 달리, 제품 기획과 소싱 방법, 제조 공정을 확인하고 나서 크게 실망한 이들은 말한 대로 실천하고 경험을 통해 배운 것을 현장에 적용함으로써 가치 있고 진정성 있는 제품을 내놓고 싶다고 생각했다. 이렇게 해서 탄생한 베자는 스니커즈 제조 과정에서 가장 친환경적인 소재를 사용하고 윤리적으로 소싱한 원재료들을 활용하며 상생의 비즈니스를 펼쳐나갈 수 있는 시스템 구축에 집중했다. 또한 믿고 선택할 수 있는 디자인과 편안함과 품질, 합리적인 가격을 구현하기 위해 노력하고 있다. 창업자는 "대중적인 제품을 창조하고 생산하는 방식을 다시 생각하자"라는 가치를 브랜드에 담고 싶었다고 얘기한다.

이들의 지속가능경영과 CSR의 핵심은 원재료의 소싱과 제조 공정의 투명성 그리고 만드는 사람들의 자부심과 행복이다. 특히 스니커즈의 생명이라고 할 수 있는 고무 밑창은 가격이 비싸더라도 화학적으로 합성한 고무가 아니라 아마존의 고무나무에서 나무에 해를 입히지 않고 지속가능한 방법으로 추출한 천연고무를 사용한다. 자연에서 나오는 물질을 활용할 뿐만 아니라 천연고무를 채취하는 현지 주민들의 일자리를 창출하여 안정적인 수익원을 보장하는 등 다양한 선순환을 만들고 있다. 신발에 사용되는 면 또한 농약이나 화학비료 등을 쓰지 않고 친환경적으로 재배된 면을 사용한다. 이러한 방식은 열대우림이나 숲을 파괴하는 것을 막으면서도 좋은 원재료를 안정적으로 공급받을 수 있는 새로운 소싱 전략이다. 노동자나 파트너사 또한 나무를 무분별하게 잘라내는 회사보다 지속가능한 방식으로 사업하는 회사와 일하고 싶어 하는 것은 당연하다.

베자는 직원과 파트너 및 원재료 생산자에 이르기까지 인권을 보호하고 최저임금을 보장하며 남녀차별을 금지하는 등 노동 정책을 준수하고 안전과 건강, 교육에도 힘을 쏟아 같이 일하는 사람들이 행복한 일터를 만들어가고 있다. 2004년에 창립한 이래로 베자는 처음의 파트너들과 여전히 성공적인 비즈니스를 함께하고 있고, 파트너들의 역량 또한 성장하여 사업에 기여하면서 진정한 상생의 관계를 맺고 있다. 뿐만 아니라, 플라스틱병을 재활용한 재생 플라스틱을 신발 제조에 사용한다. 그야말로 신발을 만드는 과정과 돈을 버는 사업 모델 자체가 사회적, 환경적 지속가능성에 도움을 주고 사회적 책임을 다하고 있다.

이러한 방식의 비즈니스 모델은 창업 이래 꾸준한 고객의 신뢰와 사랑을 받고 있다. 신발 가격이 15만 원 안팎으로 꽤 비싼데도 광고 캠페인에 많은 돈을 쓰지 않고도 2015년 이후 매년 50% 이상 판매가 늘고 있다. 대신 광고비를 가치 있는 제품 개발과 상생을 위한 원재료 소싱, 지속가능한 제조 공정에 할애하여 지금의 시스템을 만들었다. 이는 패션 브랜드로서는 굉장히 어려운 결정이다. 그러나 베자는 진정성을 가지고 실천하는 지속가능한 브랜드야말로 고객들이 나서서 자발적으로 홍보해준다는 믿음을 가지고 있다. 제품과 브랜드에 녹아 흐르는 가치를 소비자들이 이해하고 공감하면 그 브랜드는 새로운 생명을 얻게 된다.

이미 많은 소비자들은 자신에게도 좋지만 세상을 지속가능하게 하는 데 조금이라도 기여하기를 바라며 소비 패턴을 바꿔가고 있다. 지

밀도 있는 삶을 위한 인문학

속가능한 친환경 제품 시장이 커지고 윤리적 소비가 확산되는 이유가 바로 이 때문이다. 한편 베자는 매년 한두 가지의 신제품만 내놓는다. 좀 더 완벽한 제품을 고객에게 선보이고 싶기 때문이기도 하지만, 지속가능한 가치를 담으려면 제품 디자인과 생산 이외에도 원재료, 파트너, 환경 영향, 이해관계자 신뢰 구축 등 신경 쓰고 관리해야 할 것이 많기 때문이라고 한다. 최선을 다하고 진정성 있는 가치와 스토리를 전해주지만, 제품 성패는 시장과 소비자에 맡기는 것이다.

그렇다 보니 투자나 사업 제안이 쏟아지지만, 베자는 사세를 확장하기보다는 내실을 키우고 경영의 독립성을 유지하는 편을 선택했다. 지속가능한 비즈니스를 유지하고 파트너들과 좋은 관계를 유지하기 위해서는 경영의 독립성이 중요하다고 여기기 때문이다. 베자는 파리에 콘셉트 스토어인 센터 커머셜Center Commercial을 열어서, 투명성과 가치가 높지만 잘 알려지지 않아 판로 개척에 어려움을 겪고 있는 브랜드를 모았다. 이는 함께 성장하기 위한 플랫폼이 되고 있다.

물론 베자 또한 완벽한 기업은 아니다. 패키지와 유통 방법, 순환경제에 이르기까지 여전히 개선해야 할 숙제가 많다. 그러나 말로만 지속가능 경영을 외치고 소비자를 기만하거나 아직은 시기상조라면서 변화하지 않는 것을 정당화하는 기존의 기업과는 다르다. 우리도 현명한 소비자가 되어 부정적인 영향을 최소화하거나 줄여나가려고 노력하는 제품과 브랜드를 알아보는 눈을 키워야 할 것이다.

3장

지속가능한
먹거리와 건강

지속가능한 식습관,
치유를 향한 첫걸음

• • •

　나는 감자튀김 냄새를 맡으면 울컥하곤 한다. 영국에서 유학하던 시절에는 돈이 없어 점심을 제대로 먹지를 못했는데, 학교 식당 밥값이 한 끼에 1만 원 정도였다. 그래서 점심시간이면 캠퍼스를 걸어다니거나 도서관에서 책을 읽는 척하며 배고픔을 참았다. 그런데 누군가가 도서관에 감자튀김을 가지고 들어와서 기름 냄새를 풍기곤 했다. 소금과 후추, 향이 강한 식초를 뿌린 감자튀김은 참을 수 없는 유혹이어서 더 배가 고파져 도서관을 도망치듯 빠져나온 기억이 아직도 떠오른다. 그런 경험 때문에 먹거리를 바라보는 시각이 달라졌고 식재료와 음식의 스토리에 관심을 가지게 되었다. 그래서 먹는 것을 가치 있게 만들어주는 경험에 많이 투자한다.

예를 들어, 런던에 갈 때면 일부러 시간을 내서 맨체스터 스퀘어에 위치한 월래스 컬렉션The Wallace Collection에 방문한다. 허트퍼드 후작 집안이 국가에 기증하여 무료로 운영되는 월래스 컬렉션에는 17~18세기의 아름다움을 그대로 느낄 수 있는 회화, 가구, 보석, 도자기 등 다양한 작품이 전시되어 있다. 전시된 작품만큼이나 공간도 멋진 곳인데, 박물관 안뜰에 자리한 레스토랑에서 애프터눈 티afternoon tea를 반드시 마신다. 햇볕을 받으며 느긋하게 티타임을 즐길 수 있는 명소 중 하나다.

애프터눈 티는 1840년대부터 영국의 부유층 사이에서 유행했는데, 오후 3시 30분부터 5시 사이에 홍차와 곁들이는 가벼운 식사를 말한다. 애프터눈 티 세트가 유명한 레스토랑이나 카페에 가면 매장마다 메뉴가 달라지는데, 어디서든 오이 샌드위치만은 빠지지 않는다. 홍차와 달달한 디저트를 먹다가 오이 샌드위치를 한입 베어 물면 입안이 개운해졌다. 그래서 레스토랑 매니저에게 물어보았더니, 오이 샌드위치는 한때 부의 상징이었다고 한다. 일조량이 부족한 영국에서 오이는 재배하기 어려운 작물이었고, 온실 재배 기술이 발달하면서 온실에서 티타임을 갖는 게 유행이 되었다. 홍차와 함께 곁들이는 티 푸드에 온실에서 기를 수 있었던 귀한 오이로 만든 샌드위치는 필수 아이템이 되었던 것이다. 한편 영국 여왕이 오이 샌드위치를 좋아해서 티 푸드에 포함되었다는 설도 있다.

이렇듯 먹거리는 당시의 문화와 환경적 요인을 반영한다. 이유야 어찌 되었든 나는 오이 샌드위치와 여유롭게 즐기는 티타임을 좋아한다. 좋아하는 사람과 이런저런 대화를 나누며 향긋한 홍차와 3단으로 차려진 예쁜 티 푸드를 즐기다 보면 자연스럽게 행복감에 젖어든다.

무언가를 먹는다는 것은 참으로 많은 의미를 내포한다. 음식은 몸과 건강에 직접적인 영향을 미치고, 사회적 관계를 형성하는 중요한 수단이며, 문화와 역사를 살펴볼 수 있는 매개체이기도 하다. "이 세상의 맛있는 음식의 가짓수는 이 세상의 어머니의 숫자와 같다"라는 허영만 작가의 말처럼, 엄마가 차려주는 집밥은 추억 이상의 의미를 가진다. 또한 소중한 사람과의 한 끼, 여행지에서 맛본 낯선 음식 등은 기억과 행복의 중요한 구성 요소이기도 하다.

먹는 것은 입는 것 못지않게 신분과 지위, 사는 곳과 성향, 경제력과 가치를 드러내는 대표적인 라이프 스타일이다. 최근에는 무엇을, 얼마나, 어떻게 먹는가에 따라 심신의 건강 상태나 예상 질병, 기대 수명까지도 예측할 수 있는 시대가 되었다. 그런데도 슈퍼박테리아는 물론이고 코로나19와 같은 신종 바이러스들이 계속 나타나고, 환경 파괴와 화학물질의 남용으로 인한 부작용과 영향이 현실로 다가오고 있다. 그동안 겪어보지 못했던 위기 상황이 발생하면서 현대 의학과 보건 시스템의 한계도 드러나고 있다. 게다가 지구 온난화와 도시화로 인한 부작용이 가시화되면 인류와 지구에 대한 치명적인 위협은 가속화될 것이다.

이러한 상황에서 몸과 마음의 건강을 유지하고 면역력과 회복 탄력성을 적극적으로 강화하려 노력하는 것이야말로 가장 중요한 과제일 것이다. 그러려면 건강한 먹거리를 구해 행복하게 먹고 지속가능한 라이프 스타일을 생활화해야 한다. 구체적인 실천 방법으로 마이크로바이옴(장내 미생물 생태계) 식탁과 명상 식탁에 대해 소개하겠다.

지속가능한 식습관을 만들어가기 위해서는 먹거리와 먹는 태도를 바꿀 필요가 있다. 내가 먹는 음식의 가치를 안다면 좋은 먹거리를 찾는 것은 기분 좋은 수고가 된다. 그리고 음식을 먹는 것이 몸과 마음을 치유하는 과정이 될 수 있어야 한다. 가까운 지역에서 건강한 방식으로 재배한 신선한 농산물을 구매하는 데 시간을 할애하고, 건강한 방식으로 요리하여 천천히 먹는 습관을 기르는 것이 좋다. 술과 담배는 물론이고 정제되고 가공된 식품의 섭취를 줄이고 내 몸에 맞는 식단을 통해 면역력과 건강에 부정적 영향을 미치는 요소들을 예방하는 노력이 필요하다. 가짜 뉴스나 카더라 식의 정보가 아니라 정확한 정보를 학습하고 실천해야 한다.

한편 다음 세대에도 건강한 토양과 먹거리를 물려줄 수 있는 현실적 기술도 필요하다. 지속가능한 식습관은 몸과 마음의 치유를 향한 첫걸음이기도 하지만, 다음 세대에게 건강한 환경과 먹는 것의 소중한 가치를 전해주는 출발점이기도 하다.

지속가능한 먹거리와 식문화에 대한 관심을 불러일으키고 연구할 수 있도록 영감을 준 사람들이 있다. 시릴 디옹Cyril Dion과 멜라니 로랑

Melanie Laurent 부부로,《내일Demain》이라는 책과 다큐멘터리 영화를 통해 지속가능한 농업과 먹거리의 가치를 알렸다. 1년에 무려 650억 마리에 달하는 가축이 도살되는데, 이는 전 세계 인구의 10배에 달하는 수치다. 효율적으로 고기를 얻기 위한 공장형 사육 시설은 질병이 발생하기 쉽고, 이를 막기 위해 온갖 항생제와 성장 촉진제에 의존하여 사육한다. 결국 고기와 함께 항생제를 먹는 셈이다.

한편 엄청난 규모의 사육 시설을 유지하기 위해서는 어마어마한 양의 사료가 필요하다. 그래서 지구의 허파 역할을 하는 아마존 밀림을 밀어버리고 옥수수 등 사료가 되는 작물을 심었다. 자동차가 내뿜는 온실가스보다 가축 사육 과정에서 발생하는 온실가스 배출량이 더 많다는 기사를 본 사람도 있을 것이다. 과도하게 사용된 항생제와 성장 촉진제로 인해 항생제 내성이 발생하고 성조숙증이 나타나는 어린이도 많다. 비만과 당뇨 등 성인병과 암이 전 세계적으로 폭발적으로 늘어난 것도 고기 때문이다. 어떤 곳에서는 남아도는 음식물 쓰레기가 심각한 사회문제인 반면, 다른 곳에서는 굶어 죽는 사람들이 여전히 많다.

이런 상황에서 지속가능한 식습관은 생명의 빛을 잃어가는 지구를 되살리고, 삶의 밀도를 높이며, 몸과 마음을 치유해주는 첫 단계다.

천도교를 세운 해월 최시형은 먹는 것에 대한 가치를 생각해보는 글을 남겼다.

사람은 한울(바른 이상과 큰 뜻을 안고 있는 이 세상)을 떠날 수 없고

한울은 사람을 떠나서 이루지 못하나니

그러므로 사람의 호흡과 동정과 의식은 이것을 서로 도와주는 기틀

이리라.

한울은 사람에 의지하고 사람은 먹는 데 의지하였나니

만사를 안다는 것은 밥 한 그릇을 아는 데 있나니라.

지속가능하기 위해서는 3가지의 기본 축인 경제, 사회, 환경이 바로 서야 한다. 먹는 것은 3가지 모두와 직접적인 상관관계를 가지는데, 지구의 지속가능성에 문제가 생기기 시작하면서 가장 먼저 영향을 받는 것 또한 먹거리다.

코로나로 국내외 식문화가 어떻게 바뀌었는지 살펴봐도, 크고 작은 환경 변화에 우리의 먹거리나 먹는 방식이 얼마나 크게 영향을 받는지 알 수 있다. 《푸드 트렌드 No.4》(문정훈 외, 이김, 2020)에서는, 팬데믹 이후로 농산물 유통 및 식품 산업이 크게 성장했고 집에서 밥을 먹는 일이 늘면서 라이프 스타일 자체가 변화하고 있다고 말한다. 외식이 줄고 신선 농산물의 수요가 높아지면서, 자연스럽게 먹거리를 통한 건강과 면역력 강화에 집중하는 것이다. 코로나 시국은 참으로 안타깝지만, 이를 기회로 삼아 먹거리에 대한 생각을 바꾸고 먹는 방식을 지속가능하게 업그레이드해야 한다.

외식이 나쁘다는 것이 아니다. 중요한 점은, 끼니를 때우는 게 아니

라 나를 위해 건강한 먹거리로 영양과 에너지를 채우는 고귀한 시간이라는 사실을 인식하는 것이다. 그리고 음식마다 담고 있는 스토리와 여정을 곱씹으며 즐기는 식사 방법이 뉴노멀이 되길 바란다. 신문이나 스마트폰에만 알아야 할 이야기가 있는 것이 아니다. 매일 먹는 밥상과 먹거리에 세상이 담겨 있다.

지속가능한 라이프 스타일을 주제로 강연을 하다 보면 먹고 싶은 거 먹고 맛있으면 그만이지, 왜 그리 피곤하게 생각해야 하는지 반문하는 사람들이 많다. 그러나 음식이 내 몸과 마음, 환경, 건강과 행복, 경제와 사회에 얼마나 지대한 영향을 미치는지, 미래와 다음 세대의 지속가능성을 얼마나 크게 좌우하는지 깨닫는 순간 크게 공감하게 될 것이다.

먹는 것이 얼마나 중요한지 깨닫게 된 사례가 있었다. 지인이 작업을 하던 중에 오른쪽 팔과 손에 3도 화상을 입고 두 달 넘게 화상 전문 병원에 입원했다. 병원에 있는 동안 극심한 고통이 따르는 치료 과정도 잘 견뎠고, 무엇보다도 병원에서 추천하는 대로 잘 먹었다. 화상은 감염을 주의해야 해서 매일 드레싱을 하고 치료받는데, 어느 날 치료사가 그의 상태가 호전된 것을 보고 오늘은 드레싱을 안 해도 될 것 같다고 말했다. 그런데 그다음 날 보니 상처 부위가 다시 안 좋아져서 급히 수술을 해야 한다고 의사가 진단했다. 청천벽력 같은 소리였다. 피부 이식 수술을 하면 또 두 달 가까이 입원해야 한다. 또 피부를 떼어낸 부위도 치료해야 했다.

그는 수술하지 않고 회복할 수 있기를 바랐다. 그래서 수술 전까지 최대한 잘 먹고 열심히 치료 받기로 했다. 하루에 4~5끼를 먹었고 세포 재생에 좋은 고기와 수분이 충분한 신선한 과일과 유기농 채소를 먹었다. 그렇게 이틀이 지나자 상처 부위에 새살이 많이 올라와 있었다. 의사와 간호사는 깜짝 놀랐고, 결국 수술하지 않고 퇴원할 수 있었다. 이렇듯 무엇을 먹고 얼마나 먹느냐에 따라 몸은 달라진다.

내 몸 안의 소우주, 마이크로바이옴

. . .

마이크로바이옴Microbiome(미생물을 뜻하는 Microbe와 생태계를 의미하는 Biome의 합성어)은 장내 미생물 생태계를 뜻하는 말이다. 마이크로바이옴의 역할을 살펴보면 건강과 식습관을 새롭게 생각하게 된다. 나는 마이크로바이옴에 대한 분석 기술과 방대한 데이터를 가지고 있는 바이오 기업을 컨설팅하고 임원으로 일했는데, 그때 장내 미생물의 역할을 알고 놀랐다. 38조 마리에 달하는 장내 미생물은 면역 및 건강과 질병에 중대한 영향을 미치는데, 무엇을 어떻게 먹느냐에 따라 장내 미생물 환경이 바뀔 수 있다. 그러므로 지속가능한 먹거리를 이야기하려면 장내 미생물의 역할을 살펴볼 필요가 있다.

전 세계적으로 최근 몇 년간 휴먼 마이크로바이옴에 관한 연구가 활발히 진행되면서 놀라운 사실이 밝혀지고 있다. 눈에 보이지도 않는 미생물이 사람의 장에 집중적으로 모여 생태계를 이루어 살아가며 어떤 역할을 하고 있다. 인간의 몸에 존재하는 전체 미생물의 95%에 달하는 만큼, 유전병을 제외하고 인류가 겪는 수많은 질병 중 대부분이 마이크로바이옴과 상관관계를 가지고 있거나 마이크로바이옴이 미치는 영향력이 더 크다는 사실이 밝혀낸 것이다. 과거에는 질병의 원인을 유전적 요인과 환경적 요인이라고만 생각했다면, 지금은 마이크로바이옴의 상태가 중요한 요인 중 하나로 주목받고 있다. 마이크로바이옴의 역할이 건강과 질병에 중대한 영향을 미친다는 것이 알려지면서 건강한 장내 미생물 환경을 갖추기 위한 노력과 구체적인 방법 또한 쏟아져 나오고 있다.

다행스럽게도 DNA는 마음대로 바꿀 수 없지만 마이크로바이옴은 식습관과 라이프 스타일로 얼마든지 바꿀 수 있다. 몸의 여러 부분 중 특히 장에 마이크로바이옴이 집중되어 있는 사실도 식생활이 중요하다는 반증일 것이다. 그러므로 작은 미생물들이 만들어낸 몸 안의 작은 우주를 가꾸고 돌보는 새로운 개념의 헬스 케어에 눈을 떠야 한다. 결국, 마이크로바이옴을 가꾸는 것은 지속가능한 라이프 스타일을 실천하는 것과 마찬가지다.

몸의 면역계를 조절하는 T세포의 70%가 장에 있다. 장내 미생물은 면역세포를 자극해 면역계가 잘 작동하도록 하는데, 이것에 문제가 생기면 온몸에 염증이 생긴다. 염증은 건강을 위협하는 중요한 위험 인자로 만성피로, 비만, 아토피, 치매까지 일으킬 수 있다고 한다. 균형

잡힌 장내 미생물 생태계는 다양한 바이러스의 감염을 더 잘 이겨낼 수 있도록 도와준다. 장의 상피세포는 장내 미생물이 만드는 짧은 사슬 지방산을 먹고 튼튼한 장벽을 유지하는데, 장내 미생물 생태계에 문제가 생기면 장벽에 누수가 일어난다. 장과 뇌는 미주신경으로 연결되어 서로 영향을 미치고, 장내 미생물은 다양한 물질을 만들어 뇌를 조절한다. 자폐 스펙트럼 장애, 파킨슨병, 치매뿐만 아니라 우울증도 장내 미생물과 깊은 연관성이 있다. 또한 장내 미생물은 다양한 비타민을 만들고 소화하지 못하는 탄수화물을 분해해서 인간에게 필요한 에너지의 15%를 공급한다.

보통 미생물이라면 지저분한 곳에 서식하는 세균과 바이러스 등을 떠올리겠지만, 장내 미생물은 건강과 면역에 중요한 역할을 한다. 그러므로 몸 안의 다양한 미생물을 잘 가꾸어 상생할 수 있는 방법을 찾아야 한다.

마이크로소프트의 설립자인 빌 게이츠는 2018년에 이미 "세계를 바꾸게 될 3가지가 있다면 치매 치료제, 면역 항암제, 마이크로바이옴이다"라고 예측했고, 구글 벤처스 설립자인 빌 마리스는 2015년에 "21세기 마이크로바이옴은 제2의 장기, 제2의 게놈으로 불린다. 마이크로바이옴은 헬스 케어의 가장 큰 게임 체인저가 될 것이다"라고 내다보았다.

이렇게 중요한 역할을 하는 마이크로바이옴을 건강하게 가꾸기 위해서 무엇을 어떻게 해야 할지 알고 실천해야 한다. 마이크로바이옴

은 무엇을, 어떻게 먹느냐에 따라서 바뀌므로, '마이크로바이옴 식탁'
을 실천해야 할 것이다.

마이크로바이옴 식탁 원칙

1. 일주일에 30가지 이상 다채로운 채소류 등 장내 미생물 먹이(MAC, Microbiota-Accessible Carbohydrates, 인체는 소화하지 못하지만 장내 미생물은 소화할 수 있는 탄수화물)를 먹는 것이 좋다. 다양하고 건강한 음식의 섭취는 건강하고 다양한 장내 미생물 생태계를 형성한다.

2. 장 상태에 맞게끔 FODMAP(식이 탄수화물의 일종으로, 장에서 잘 흡수되지 않고 남아서 발효되는 Fermentable(발효당), Oligosaccharide(올리고당), Disaccharides(이당류), Monosaccharides(단당류), And Polyols(당알코올)을 가리킨다. 보통 고포드맵 식품은 장내 미생물에게 좋은 먹이가 되지만 장이 민감하다면 복통, 가스 참, 설사 등의 증상이 나타날 수 있다) 식품을 조절하면서 먹는다.

3. 밀가루, 백미, 설탕 등 고도로 정제 및 가공된 식품을 피하고 도정을 적게 한 곡식과 같이 식이섬유가 풍부한 식품을 먹는다.

4. 하루 식사량의 반 이상 MAC를 먹어서 장내 미생물이 먹을 것을 챙겨 먹어야 한다.

5. 가능하면 껍질째로, 홀푸드whole food의 형태로 먹는다. 과일과 채소의 껍질에는 장내 미생물에게 좋은 먹이가 되는 MAC가 많다. 주스로 마실 때는 껍질째 갈아서 건더기까지 먹는다.

6. 자신에게 맞는 유산균, 발효식품 등을 매일 섭취하는 것도 좋다. 단, 유산균은 보조제이므로 식습관을 바꾸지 않고 유산균만으로 건강한 마이크로바이옴을 가꾸는 것은 불가능하다.

7. 매일 배변 상태를 기록하면서 장내 미생물 생태계가 건강한지 모니터링하고 몸의 변화를 관찰하고 과학적으로 관리하는 것이 좋다.

(출처: (주)천랩 https://cafe.naver.com/microbiometable/29)

흰 밀가루, 백미, 설탕 등 정제된 식품이나 가공식품과 인스턴트 음식을 주로 먹게 되면 위와 소장에서 대부분 소화되기 때문에 장내 미생물의 먹을거리가 부족해진다. 그러면 굶주린 장내 미생물이 장벽의 점막을 갉아먹어 장벽 누수가 발생하고, 아토피, 치매 등 다양한 병증의 발생 가능성이 높아진다.

그러므로 내가 먹을 것과 장내 미생물이 먹을 것을 같이 섭취해야 완성된 식사를 했다고 볼 수 있다. 가능하다면 일주일에 30가지 이상의 다양한 채소와 과일을 챙겨 먹는 것이 좋다. 시간이 없어 사 먹어야 하거나 요리할 재료가 없어서 라면을 끓여 먹더라도, 장내 미생물이 먹을 수 있는 견과류나 껍질째 먹을 수 있는 과일과 채소를 함께 먹는다. 그래서 마이크로바이옴 식탁을 '더하기 식탁' 또는 '반반 식탁'이라고도 부른다.

마이크로바이옴 식탁을 실천하여 건강한 장내 미생물 환경을 유지하기 위해서는 채소나 과일을 껍질째 먹는 것이 좋다. 그런데 그렇게 먹으려면 유기농 또는 무농약 농산물이 안전하다. 더 나은 방식으로 식습관을 개선하면 건강도 좋아질 뿐만 아니라, 자연스럽게 농업이나 식품 산업도 개선될 것이다. 고도로 정제된 식품이나 가공식품을 먹지 않았던 수렵 채집 시대에는 장내 미생물 환경이 현재의 우리와 많이 달랐다. 특히 서구화된 식단이 보편적인 사회에서는 이미 사라진 장내 미생물 종류 또한 많다.

마이크로바이옴에 대한 전 세계적인 관심 덕분에 다양한 연구가 이루어지고 있고 우리가 몰랐던 사실이 속속 밝혀지고 있다. 뜨거운 관심과 인기 때문인지 유해균, 유익균, 뚱보균 등 사람들을 현혹하는 다양한 광고 문구가 늘어나고 있다. 생태계는 균형과 순환이 핵심인 만큼 마이크로바이옴 또한 다양한 미생물의 균형을 통한 바람직한 공생 체계를 세워 건강한 상태를 유지해야 한다. 그런데 현대인의 식습관을 잘 살펴보면 다양성 면에서 현저하게 낮은 점수를 줄 수밖에 없다. 이는 식품 회사의 그럴듯한 광고나 건강 정보가 식문화와 라이프 스타일을 완전히 바꾸어놓은 탓이다. 하루 세 번 식사해야 하는 것이 공식처럼 되었고, 간편하고 부드럽고 맛있는 음식에 중독된 사람도 많다. 건강한 방식으로 기른 다양한 채소, 통곡물, 과일, 버섯, 해조류, 견과류 등으로 채우는 것을 지속가능한 라이프 스타일에 추가해보길 강력히 추천한다.

다음 세대에게 물려줄 가장 좋은 선물, 지속가능한 먹거리

• • •

지속가능한 라이프 스타일을 일상에서 실천하기 위해서는 삶과 생존에 가장 근본적으로 영향을 미치는 먹거리부터 시작하는 편이 쉬울 것이다. 먹거리와 식생활을 트렌드로 판단하기는 어렵고 좀 더 근원적인 탐구가 필요한 시점이다. 그 고민의 결과가 지속가능한 먹거리로 이어질 수 있기를 바란다. 다음 세대에게 물려줄 수 있는 가장 좋은 선물은 건강한 땅과 물, 이를 토대로 자란 먹거리가 아닐까? 그리고 음식의 의미와 가치, 맛과 향기, 과정과 정성, 에너지와 기운을 느끼고 이해하는 것이야말로 인생을 좀 더 풍요롭게 살아갈 수 있는 여유를 찾고 만물의 이치를 헤아리는 현명한 방법임을 다음 세대에게 가르쳐 주어야 한다.

한편, 지속가능한 식습관을 가진 사람들이 늘어날수록 더 많은 농부가 유기농이나 친환경 농법의 가치를 깨닫게 될 것이고 식품 회사도 변화하는 고객의 니즈에 맞게 지속가능한 가공식품의 개발에 힘쓸 것이다. 이런 선순환 고리는 물과 땅을 되살리고 인간과 동식물의 균형 잡힌 공존도 가능하게 할 것이다. 그러므로 지속가능한 식습관은 나의 건강과 행복은 물론이고 다음 세대의 고민거리까지 줄여줄 수 있는 생활 방식이다.

예전에 농사의 기본은 논밭 갈아엎기, 농약 치기, 비료 주기, 잡초 제거하기였다. 그런데 지금 국내에서 지속가능한 농법을 실천하고 있는 농부들은 전혀 다른 이야기를 한다. 농약과 비료는 토양과 물을 오염시키고 중요한 역할을 하는 곤충과 미생물까지 죽이며, 잡초를 제거하고 논밭을 갈아엎으면 수분이 날아가고 영양 성분이 축적되지 않아 비옥한 땅을 만들기 어렵다. 그렇기에 기름진 흙을 쌓아서 밭을 만드는 방식을 활용한다.

제주 유기농 농산물 꾸러미 상품 프로젝트를 위해 만난 제주 '올바른 농부' 문희선 회장의 유기농 귤밭에는 잡초가 무릎 높이까지 자라 있다. 잡초가 어느 정도 자라면 농약을 뿌리는 대신 예초기로 잘라주고, 잘린 잡초는 다시 땅으로 돌아가 양분이 된다. 그 과정에서 풍성한 유기물과 미생물이 번식하고 토양을 더욱 비옥하게 만들어주어 따로 비료를 쓰지 않아도 된다. 이런 그를 보고 주변 귤 농장 농부들은 게으른 농부라고 나무라기도 한단다. 하지만 잡초가 날 때마다 제초제를 뿌리는 것이 더 안전하지 않게 느껴지는 것은 나뿐만이 아닐 것이다. 이런 식으로 무농약 유기농 농사를 짓는 '올바른 농부'는 한 달에 한 번 힘을 모아 오프라인 장(올바른농부장)을 열어 고객을 직접 만나는 기회를 만들기도 하고, 판로를 개척하거나 역량 강화를 위한 교육과 협업 프로그램을 운영하기도 한다.

내가 존경하는 농업 혁신가인 '평화나무농장' 김준권, 원혜덕 대표는 유기농을 기반으로 한 생명 역동 농법Bio-Dynamic Agriculture을 실천하는 몇 안 되는 농부다. 생명 역동 농법은 오스트리아 출신의 인지학자이자 발도르프 교육의 창시자인 루돌프 슈타이너Rudolf Steiner가 1928년 독일에서 시작한 농법이다. 식물은 땅에서 생명을 얻는다는 기본 철학을 바탕으로 우리나라의 절기 농법처럼 별자리를 보고 농사일을 진행한다. 또한 땅의 에너지를 증폭하는 지속가능한 방식을 활용하여 생산성과 품질을 높인다. 유럽에서는 생명 역동 농법을 통해 생산된 다양한 농산물과 제품에 대한 데메테르Demeter 인증 제도를 운영하고 있으며, 이 인증을 받은 상품은 두터운 신뢰를 얻고 일반 유기농보다 훨씬 높은 가격으로 판매된다.

김준권 선생은 유기농에 대해 이렇게 설명한다. "유기농업은 토양과 환경(생태계)과 인간의 지속적인 건강을 유지하는 방식이어야 하고, 이는 유해한 자재를 사용하지 않고, 친환경적 자재를 사용하며, 생명 다양성을 존중하고, 각각의 지역 조건에 맞게 순환하는 것이다. 유기농은 우리 모두(인간과 지구의 모든 생명체)의 환경을 보호하고 모든 사람의 공정한 관계(공정무역)와 양질의 삶을 증진하기 위해 전통, 과학, 혁신을 결합한 것이다."

예전에 나는 우연히 공장형 가축 사육 시스템을 목격하고 육식을 최소화하기로 마음먹었다. 원래 고기를 좋아해서 이는 어려운 숙제였다. 그러다가 몇 년 전에 평화나무농장에서 진행하는 수제 햄, 소시지 만들기 체험 행사에 참여했다. 화학적 첨가물이나 색소를 전혀 쓰지 않고 벚나무 훈연으로 최고의 햄과 소시지를 만들었다. 농장을 견학하며 본 가축들은 자유롭게 농장을 돌아다니고 자연의 먹거리를 먹으며 스스럼없이 사람들에게 다가왔다. 조금만 노력하면 얼마든지 건강하고 지속가능한 방식으로 고기를 먹을 수 있으며, 소량 생산 방식을 통해 낭비 없이 좋은 상품을 만들 수 있다는 확신을 얻었다. 지금은 평화나무농장에서 생산하는 고기나 친환경적, 윤리적으로 기른 가축의 고기만을 먹으려고 노력하고 있다.

사실 친환경적이고 지속가능한 방식의 영농은 외로운 싸움인 경우가 많다. 농업 산업의 역학 관계도 영향을 미친다. 기존 방식으로 돈을 벌던 기업과 농부는 변화를 거부할 것이다. 농기계와 농약, 비료를 판매하려면 그에 맞는 교육과 농업 기술과 홍보가 필요하다. 자연의 에너지와 농부의 손만으로 농사짓는 것을 탐탁지 않게 여기는 사람도 있다는 뜻이다. 물론, 소비자들이 그 가치를 인정하고 지속가능한 농산물을 구입하려는 문화라면 상황은 달라질 것이다.

15년 전, 농업 컨설팅을 할 기회가 있었는데, 국내 여러 지역을 다니면서 농민들과 인터뷰를 진행했다. 가장 큰 문제는 농부라는 직업에 대한 자부심과 존중이 없다는 것이었다. 농부 스스로 자존감이 떨어져서, 자식에게는 절대 농사일을 시키지 않겠다거나 농업은 사양산업이라고 이야기하곤 했다. 그러나 농업은 더 이상 고루한 직업이 아니다. 고도로 가치 지향적인 산업이고 일에 대한 자부심과 자기 자신에 대한 자존감이 높아야 하는 전문직이다. 지금의 세상에서 먹고사는 일은 무엇보다도 중요하다. 지구와 인류의 지속가능성이 위협받고 있기 때문에 안정적인 먹거리야말로 가장 중요한 요소다.

모든 분야가 그렇겠지만, 농업과 먹거리 사업은 바르고 소신이 있어야 한다. 생명에 대한 존중을 기반으로 실력과 정성이 더해지고 모든 과정에서 지속가능성을 고려해야 할 것이다.

농업 전쟁, 종자 전쟁이라고 할 만큼, 식량 자원과 종 자원을 확보하려는 노력이 전개되고 있다. 한쪽에선 넘쳐나는 먹거리와 가공품으로 비만과의 전쟁을 벌이고, 다른 쪽에선 굶주림으로 죽어가는 사람들이 속출한다. 이러한 식량 양극화는 더 심각해질 전망이다. 매년 엄청난 금액이 해외 농작물 로열티로 지급되는 사태에 대해 우려하는 목소리가 높다. 일제시대에 일본이 우리 종자를 수탈해간 후로 아직까지 로열티를 지불하는 작물들이 많다. 거대 다국적 기업들 또한 인수 합병 등을 통해 무차별적으로 종자를 사들인 결과, 토종인 줄 알았던 농산물에 로열티가 지급되고 있다. 일례로 청양고추의 소유권은 GMO기업으로 유명한 몬산토(독일의 화학제약회사 바이엘이 인수)가 가지고 있고, 종자를 구입할 때마다 금액을 지불해야 한다.

요즘 6차 산업에 거는 기대가 커지고 있다. 6차 산업이란 유무형의 농업 자원(1차 산업)을 제조 및 가공 산업(2차 산업)과 결합시키고, 관광 등 다양한 서비스(3차 산업) 산업과 융복합하여 농업의 종합 산업화를 지향하는 것을 가리킨다. 물론 6차 산업의 핵심 또한 지속가능성에 있다. 토종 종자의 지속적 개발과 보호를 통해 종자 주권을 확립하고, 오염되지 않은 물과 토양을 기반으로 환경적 지속가능성이 바탕이 되지 않으면 농업 자원의 가치 있는 활용은 불가능한 일이다. 아무리 맛있고 편리한 가공식품이 나오더라도 원재료가 좋지 않으면 의미가 없다. 아무리 사업성이 좋아도 지역 농민과 상생하지 못하고 공정거래가 이루어지지 않으면 피해만 끼칠 뿐 지속가능하지 못할 것임은 자명하다.

먹는 시간의 가치

· · ·

남자 한 사람이 평생 면도하는 시간을 다 합하면 1년이 넘는다고 한다. 그래서 나는 20대 후반에 면도하는 시간을 어떻게 하면 내 스타일로 재미있고 의미 있게 보낼 수 있을지 고민했다. 그 결과, 천연 면도 거품으로 옛날 방식의 면도를 해보았다. 10년 넘게 그 습관을 유지하고 있는데 면도할 때면 영국 신사가 된 것 같은 기분이 들고 나를 좀 더 존중해주는 느낌이 든다. 플라스틱 일회용 면도기 대신 면도칼을 소독하여 사용한다. 다 쓴 면도칼은 종이를 자르는 등 사무용 칼로 재활용하고, 버릴 때는 잘 모아서 다치지 않게 폐기한다. 미국에서만 하루에 버려지는 면도날이 무려 20억 개에 달한다는 통계도 있다. 일회용 면도기는 면도날을 분리하기가 쉽지 않아 재활용되지도 않고 소각하거나 땅에 묻는다.

한때는 우리의 삶을 편하게 만들어준 혁신적인 소재인 플라스틱이 전 세계적인 재앙이 되면서 일회용 면도기도 퇴출 수순을 밟고 있다. 면도기 제조 기업들은 대나무, 종이, 코르크 등 지속가능한 소재를 활용하여 최대한 오래 쓸 수 있는 면도기를 만들어 환경 부하를 줄이면서도 수익을 창출해야 하는 어려운 숙제를 해결해야 한다. 물론, 이 숙제를 앞장서서 해결하는 기업은 지속가능한 라이프 스타일을 선도하고 더 많은 가치를 창출할 수 있을 것이다. 면도라는 일상적인 일에도 의미를 부여하면 중요한 가치를 지닌 실천의 기술을 발견하게 된다.

인간이 삶에서 가장 많은 시간을 할애하는 수면 시간의 중요성이 부각되면서 수면의 질을 높이고 치유 효과를 극대화할 수 있는 수면 기술이 쏟아져 나오고 있다. 어디서, 얼마나, 어떻게 잠을 자는 것이 좋은가에 대한 답을 찾으면서 잠을 바라보는 태도가 바뀌니 좋은 잠을 습관화할 수 있는 솔루션이 쏟아져 나오고 있다. 슬립포노믹스(잠을 뜻하는 Sleep과 경제를 뜻하는 Economics의 합성어)라는 수면 산업이 형성되어, 국내에서만 이미 3조 원에 달하는 시장으로 성장하였다.

이와 마찬가지로 하루 세 끼 먹는 시간과 마주하며 관심과 시간을 할애한다. 그리고 먹는 행위를 바라보는 시각과 태도를 바꾸어 좀 더 밀도 있는 시간으로 만들 필요가 있다. 그 시간을 무엇으로 채우면 좋을지 고민해볼 만한 가치가 있지 않을까?

지난 2018년부터 2년 정도 중앙산부인과라는 병원의 지속가능 경영 컨설팅을 맡았다. 지속가능한 병원 운영을 위한 자문부터 직원 상담과 교육에 이르기까지 여러 업무를 하면서 많은 것을 느꼈다. 먼저, 산부인과는 단순히 아기가 태어나는 곳이 아니라, 한 사람의 인생이 시작되는 곳이었다. 그러므로 어떤 철학을 가진 의사가 아기를 받느냐에 따라서 아기 인생의 첫 그림이 다르게 그려진다.

이 병원의 김균하 원장은 30여 년 가까운 본인의 경험과 노하우 그리고 세심한 관찰을 통해 '균하출산'이라는 자신만의 출산법을 만들어냈다. 평화로운 탄생을 목표로, 산모와 아기의 입장에서 바라보는 출산법이다. 예전부터 출산 직후 아기를 거꾸로 들어 엉덩이를 때리는 장면을 흔하게 보았는데, 아기의 입장에서 생각해보면 세상에 태어나자마자 거꾸로 들려 엉덩이를 세차게 맞으며 인생을 시작하는 셈이다. 자연분만을 통해 아기가 태어나면 엄마의 자궁 속에서 무균 상태로 있던 아기가 산도를 통과하면서 다양한 미생물과 만나게 되는데, 이런 과정을 통해 마이크로바이옴이 균형 있게 형성된다. 그래서 자연분만이 제왕절개 수술을 통한 출산보다 면역력이나 장내 미생물 균형 등에 긍정적인 영향을 미친다고 한다. 이렇게 출산의 순간에도 평생의 건강과 심리적 안정감에 영향을 미치는 일이 많이 일어난다.

그러나 먹는 것은 아기에게 더 큰 영향을 미친다. 임산부들은 임신 사실을 알았을 때 먹거리에 대한 걱정이 먼저 든다고 한다. 최근에 약을 먹은 것은 없었는지, 술이나 커피, 탄산음료를 마셨는지 등, 몸에 좋지 않은 음식을 먹은 것을 떠올리며 걱정하기 일쑤다. 먹는 것 자체가 몸에 얼마나 큰 영향을 미치는지 알고 있기 때문이다. 평상시에는 이런 생각을 잘하지 않던 사람도 아기를 갖게 되면 음식을 조절하고 의식적으로 좋은 재료로 만든 건강한 음식을 먹고 행복하고 평화로운 마음을 유지하려고 노력하게 된다.

이렇게 의식하며 먹기를 일상에서도 실천하고, 아기를 위해 다양한 유기농 식재료를 찾고 영양이 파괴되지 않는 요리법으로 정성스럽게 요리하는 것을 평생 나와 가족을 위해 한다면 어떻게 될까? 태교하듯 좋은 것만 보고 마음을 평화롭고 행복한 상태로 유지하기 위한 적극적인 노력을 매일매일 할 수 있다면 어떻게 될까? 아마도 아토피나 우울증 등 우리가 겪고 있는 많은 문제가 해결될 것이다.

지속가능한 식습관은 어찌 보면 아이를 임신한 엄마가 음식에 신경 쓰는 것과 비슷하다. 임산부는 일정 기간에만 음식에 대해 의식하지만, 지속가능한 식습관은 평생 의식하며 먹는 것을 삶의 일부로 만드는 것이다. 내가 먹은 것은 내 몸의 일부가 된다.

명상 식탁과 도덕적인 밥상

• • •

먹는 시간을 가치 있게 채우고 의식하며 먹기는 내가 중요하게 생각하는 '명상 식탁'의 방법이다. 이는 먹는 행위를 가장 밀도 있고 충만하게 만드는 최고의 방법이라 생각한다. '음식 명상'이라고도 불리는 명상 식탁은 그야말로 먹는 시간을 명상의 시간으로 만드는 것이다. 먹는 순간에 집중함으로써 식사 시간을 여유롭고 소중하게 만들고 몸과 마음을 긍정적으로 다스리며 같은 음식도 더 맛있게 먹을 수 있다.

현대인은 식사할 때도 온전히 음식에 집중하기 어려울 때가 많다. 점심 먹으면서 저녁 걱정하고, 저녁 먹으면서 내일 뭐 먹을지 걱정하는 사람도 있다. 그러므로 명상 식탁은 의도적으로 노력하고 의식적으로 실천해야 한다. 명상 식탁은 다음의 순서로 진행하되, 직접 요리하지 않더라도 얼마든지 가능하고 혼자서도 할 수 있다.

(1) 선택의 즐거움: 몸과 건강에 도움이 되고, 좋은 재료와 정성스러운 요리가 가능한 식당 또는 메뉴 선택

(2) 눈으로 즐기기: 내가 먹을 음식의 색깔과 모양부터 그릇의 디자인까지 시각적으로 즐기기

(3) 코로 즐기기: 음식이 내는 고유의 향과 음식과 어우러져 공간을 채우는 냄새에 집중하기

(4) 입으로 즐기기: 맛을 음미하고 깊은 향을 느끼고 원재료들이 가지는 고유의 풍미 찾아내기

(5) 맛 표현하기: 누군가와 함께 있다면 내가 느낀 맛과 향 그리고 식감과 느낌을 표현하기. 혼자 있다면 머릿속으로 맛을 표현하고 그려보기

(6) 천천히 음미하기: 맛있는 음식이 내 몸에 좋은 작용을 하고 행복감을 줄 수 있다고 생각하기

(7) 감사하기: 가능하면 음식을 남기지 말고 이러한 음식을 먹을 수 있음에 감사하기

(8) 기억하기: 오늘 몇 가지 재료를 먹었고 어떤 맛이었는지, 어떤 점이 좋았는지 기억하기

이런 과정을 거치면서 명상 식탁은 오롯이 먹는 즐거움과 가치에 집중할 수 있도록 도와준다. 먹는 것에 대한 생각과 태도를 조금만 바꾸면 먹는 시간만큼은 자기 자신에게 선물 같은 순간이 될 것이다.

배고픈 시절에는 더 많이, 더 빨리 먹는 습관이 남는 것이었다. 그 태도는 시간이 지나면서 습관이 되었다. 물론 이런 태도와 습관은 농업, 식품 및 외식 산업에도 지대한 영향을 미쳤다. 농약과 비료를 쓰더라도 보기 좋고 생산성 높고 대량 생산이 가능한 농법이 발전하였고, 국제적으로는 유전자 변이 농산물이 속출하였다.

경제가 성장하면서 음식에 대한 태도는 더 귀한 것, 더 편한 것, 더 맛있는 것으로 변했다. 식품업계는 세상의 귀한 것을 대량 공급하기 위해 다양한 동식물의 멸종 위기에 힘을 보태었다. 단적인 예로, 지금 전 세계의 물 좋다고 소문난 곳에는 식품 회사들이 취수 경쟁을 벌이며 수원을 말리고 있다. 어떤 식재료가 인기를 끈다고 하면 열대 밀림이든 숲 보호 지역이든 자생하는 식물을 싹 밀어버리고 그 식재료를 심는다.

예를 들어, 전 세계적인 웰빙 열풍으로 아보카도의 인기가 급증하자 아보카도 최대 산지인 멕시코에서는 산림을 훼손하고 불법 농지 개간까지 이루어지고 있다. 아보카도 재배에는 굉장히 많은 물이 필요해서, 미국 캘리포니아의 가뭄은 아보카도 농장이 많은 탓이라고 밝혀지기도 했다. 한편, 팜유는 생산성이 높고 저렴하여 라면, 과자 등 식품 가공이나 화장품 등 제품 제조에 널리 활용되고 있다. 팜유의 인기가 높아지면서 무분별한 경작지 확대로 이어졌고 그 과정에서 지구의 허파 역할을 하는 열대우림이 파괴되고 다양한 동식물들이 위기에 빠졌다.

싼값에 그럴듯한 맛을 내는 각종 화학 감미료와 조미료 시장이 커지고, 처참한 사육 환경에서 자란 고기가 화학 재료나 가공품과 뒤엉켜 맛있는 것으로 포장되었다. 인공 감미료나 화학 조미료가 인체에 무해하다고 하지만, 인공적인 맛이 식재료의 모습을 감추는 데 활용될 가능성이 높으므로 주의해야 한다. 어떤 실험에 의하면, 상한 오징어를 활용해서 국을 끓이더라도 조미료를 첨가하면 감쪽같이 상한 맛을 가려줄 정도다.

이런 식생활로 인해 각종 질병과 비만이 크게 늘었고 환경 또한 병들기 시작한 것이다. 많은 사람들이 환경오염의 주범을 굴뚝산업으로 생각하지만, 지속가능하지 않은 식품 산업과 농업 또한 지금의 환경 문제에 지대한 공헌을 했다는 점을 잊어서는 안 된다.

편안함과 경제적 가치만 따지면 개발은 당연한 것으로 여겨지지만, 먹거리 하나하나를 사회적, 환경적 이슈와 결합해보면 생각은 달라질 것이다. 전 세계적으로 아보카도와 팜유 등 지구 환경을 위협하고 농민과 상생할 수 없는 불공정한 구조의 농산물과 식품을 보이콧하는 사람들이 점점 늘어나고 있다. '내가 먹는 것이 바로 나'라는 사실을 인식하는 사람들이 많아지고 있다는 뜻이다.

예전에 나는 프랑스로 출장을 갈 때면 푸아그라를 즐겨 먹었다. 그러던 어느 날 오리털, 거위털 패딩 제조 공정을 확인하려 방문했던 한 농장에서 푸아그라를 만들기 위해 거위들에게 하는 행위를 보고 경악을 금치 못했다. 거위를 움직일 수도 없는 좁은 철창에 가두어놓고 목에 먹이를 강제로 투입하는 호스를 끼워 고정해놓은 것이다. 자연적으로는 큰 푸아그라를 얻는 데 한계가 있기 때문에, 억지로 거위를 살찌워 간의 크기를 강제로 늘인다. 거위는 목이 고정되어 있어서 먹이를 토해내지도 못하고 엄청난 고통을 견뎌야 한다. 이런 과정을 거쳐 생산된 푸아그라는 보통 거위의 간보다 10배 이상 비대해지고 무게도 많이 나간다. 이런 고통의 과정을 거쳐 만들어진 음식이 우리의 몸과 마음에 과연 도움이 될까? 나는 그럴 것이라고 생각하지 않는다.

식당에서 쉽게 볼 수 있는 칵테일 새우는 일부 손질 공정에서 인신매매, 강제노동, 노동 착취, 아동 노동 등의 문제가 있다. 2014년 AP통신 기자에 의해 보도된 '노예들에게서 온 해산물' 취재 기사 시리즈는 태국, 인도네시아 등 해산물 수출이 많은 나라에서 행해지고 있는 노동 착취 문제를 폭로했다. 라오스, 미얀마, 캄보디아 등지에서 인신매매나 불법체류 노동자를 협박 및 감금하여 하루 16시간 이상 노동하게 한 것이다. 여기에는 15살 이하의 아동 또한 상당수 포함되어 있었다. 이와 같은 사실을 폭로하고 기사화한 기자들은 2016년에 퓰리처상을 수상하였고, 2,000명이 넘는 감금 노동자들이 풀려나게 되었다.

"푸아그라와 칵테일 새우를 나 하나 안 먹는다고 해서 달라지는 것이 있겠어?"라고 회의적인 사람들이 있다. 그러나 옳지 않은 것을 인식하고 그 과정에 동참하지 않는 것만으로도 가치가 있으며, 이런 정보는 더 많은 사람에게 알리려 노력해야 한다. 옳지 않은 방식으로 생산된 제품은 아무리 가격이 저렴해도 결국 소비자에게서 외면당할 것이다.

앞으로 음식에 대한 태도는 '더 가치 있는 것', '더 자연 친화적인 것', '더 올바른 과정을 통해 만들어진 것'으로 변화할 것이다. 먹거리에 담긴 사회적, 환경적 이슈에 관심을 가지다 보면 소신 있고 정직하게 자연에 순응하며 농사짓고 가축을 기르고 어업을 하는 사람들을 존경하게 된다. 정직하고 윤리적이며 사회적 가치와 책임을 다하는 사람들이 각광받고 풍족하고 유명한 사회야말로 건강한 사회다. 나쁜 것을 걸러내는 시민들의 눈이 살아 있고 좋은 것을 지지하는 건강한 의지가 뿌리내린 증거이기 때문이다.

2010년 가을에 영국 런던으로 출장을 갔다. 점심 먹을 만한 곳을 찾아 이곳저곳 보고 있었는데, 혹스무어Hawksmoor라는 이름의 식당 현관문에 'Sustainable Restaurant(지속가능한 식당)'라는 처음 보는 스티커가 붙어 있었다. 이끌리듯 들어간 식당은 잘 정돈되어 있었고, 다른 레스토랑과 다른 점을 찾기는 쉽지 않았다. 웨이터가 와서 전문적인 자세로 메뉴를 설명해주기 전까지 말이다.

메뉴에는 주재료가 어떤 환경에서, 어떤 과정을 통해 길러지고 재배되었는지 자세히 기록되어 있고, 그것이 어떻게 식당 사업과 고객에게 연결되어 있는지 구체적으로 밝혀두었다. 특히 이 식당은 스테이크와 생선구이가 유명한데, 식재료는 모두 지속가능한 방식으로 길러졌고 탄소 배출을 최소화하기 위해서 어떻게 물류를 하는지까지 설명해두었다. 물 한 병을 주문했는데, 이 또한 원워터One Water(물이 팔릴 때마다 물이 부족한 나라나 지역에 식수를 공급해주는 사회문제 해결 국제 프로그램)에 참여한 물이었다.

가장 감동받았던 것은 감자튀김과 케첩이었다. 식당 인근의 커뮤니티에서 지속가능한 방식으로 소규모 농민들이 재배한 농작물을 우선 구매하여 지역사회를 지원하는 것은 물론, 높은 영양과 신선도, 낮은 물류비와 탄소 배출 저감까지 모두 잡았다. 주문하자마자 바로 만들어준 케첩은 지금까지도 최고로 기억된다.

이 식당은 지속가능성이라는 콘셉트를 원재료, 소싱, 메뉴 개발, 마케팅, 직원의 행복과 사회공헌 등 모든 프로세스에 적극적으로 반영하고 있었다. 이를 통해 사업적 성공과 사회적 영향력을 긍정적으로 발휘하는 신뢰의 브랜드를 구축하고 있다. 영국에서 내가 가장 좋아하고 존경하는 브랜드이자, 꼭 찾아가는 레스토랑이다. 이곳에서 스테이크를 먹거나 생선을 먹을 때면 환경문제, 항생제 남용, 탄소 배출, 동물 복지 등을 생각하며 죄책감을 느낄 필요가 없다. 그래서인지 이 식당에선 옆 테이블 손님과 환경과 가치를 얘기하는 것이 자연스럽고, 이를 중요하게 여기는 사람들이 더 많이 찾는다.

지속가능한 먹거리 혁명의 시대,
당신의 선택은?

• • •

전 세계적으로 꿀벌이 눈에 띄게 줄어들고 있다. 꿀벌이 사라지면 지구가 멸망한다는 이론도 있다. 한편 기후변화의 여파로 가뭄과 홍수가 발생하고 심각한 식량난에 고통받는 사람들이 많아지고 있다. 게다가 못생기고 상품성이 떨어진다는 이유로 토종이 사라지고 품종 개량의 결과물과 유전자 변형 농산물이 이를 대신하고 있다. 생산량을 늘리고 모양을 좋게 하기 위해서 각종 비료와 농약이 살포되고 소비자들은 그걸 씻어내기 위해 많은 물과 화학 세제를 쓴다. 때깔만 좋은 유전자 변형 농산물은 몸에 어떤 영향을 미칠지 알 수 없다. 비료와 농약과 화학물질은 땅에 스며들어 흙은 황폐화되고, 오염된 물은 우리가 다시 마시게 된다. 그야말로 악순환인 것이다.

플라스틱은 최소 100년, 최대 1,000년은 썩지 않고 지구에 나쁜 영향을 끼친다. 눈에 보이지 않는 작은 미세 플라스틱 형태로 땅속에 스미거나 바닷속으로 흘러 들어가는데, 소재의 특성상 유해 화학물질을 끌어모으는 성질이 있다. 해양 생물은 어마어마한 양의 플라스틱을 섭취하는데 그 과정에서 유해 화학물질도 같이 먹는 셈이다. 바다는 인류가 단백질을 얻는 최대의 산지이므로 다시금 인간의 몸으로 돌아와 나쁜 영향을 미친다. 또한 빠르게 대량으로 생산하기 위해 각종 약물과 성장 촉진제를 맞고 행복하지 못한 환경에서 고통받으며 자란 고기를 먹고 있다. 다행스럽게도 자기만의 철학과 가치를 지키면서 좋은 먹거리를 만들어내는 사람들이 있고, 지속가능성의 개념을 농사에 반영하려는 생각 있는 젊은 농부도 늘고 있다.

지속가능한 식생활의 첫 번째는 원재료와 농산물의 생산 방법과 과정이 지속가능한 가치를 담고 있는지 확인하는 것이다. 이왕이면 살고 있는 지역에서 건강한 방법으로 생산된 농산물과 먹거리를 구매하는 것이 좋다. 두 번째는 식재료와 먹거리에 담겨 있는 사회적, 환경적 문제에 관심을 가지는 것이다. 조금만 관심을 가지고 찾아보면 이러한 정보를 쉽게 구할 수 있다.

지속가능한 식생활은 버리는 것까지 이어진다. 음식물 쓰레기가 최대한 나오지 않도록 하는 것이 가장 좋다. 영국의 '지속가능한 식당' 인증 마크를 부여받은 식당은 친환경-유기농 원재료를 가까운 지역에서 공정거래로 구매하고 물 사용을 최소화하며 음식물 쓰레기를 순환하는 시스템을 구축하고 직원들의 행복과 안전과 위생을 최우선으로 한다. 외식을 하더라도 이러한 요소에 관심을 기울여 식당을 선택하면 또 다른 경험과 보람과 가치를 느낄 수 있을 것이다.

자본주의 사회에서는 가장 큰 주도권을 가진 사람이 바로 소비자다. 소비자의 생각과 구매 기준이 바뀌면 기업을 포함한 생산자는 소비자의 마음을 사로잡기 위해 변화할 수밖에 없다. 지속가능한 소비의 핵심은 가치 소비와 윤리적 소비다. 가성비만 따질 게 아니라 원재료가 어떤지, 제조 과정에서 인권이나 노동, 환경문제는 없는지, 법을 잘 지키는 윤리적인 기업인지 등등 다양한 사회적, 환경적 가치 기준을 고려하면서 돈을 쓰고 구매하는 방식을 뜻한다. 지속가능성의 시대에 현명하게 소비하려면 제품과 기업에 대해 공부하여 소비자로서의 책임을 다해야 한다. 이러한 노력이 없으면 나도 모르는 사이에 불법을 저지르거나 환경문제를 일으키는 제품을 구매할 수도 있으며 아동 노동이나 테러와 연루된 기업을 도와주게 될 수도 있다.

어떤 기업이나 브랜드의 제품과 서비스를 구매해야 현명한 소비를 할 수 있을까? 먼저, 만드는 사람(일하는 사람)이 행복한 브랜드를 선택한다. 둘째, 건강하고 건전한 비즈니스 방식을 실천하는 브랜드를 선택한다. 셋째, 환경을 보호하고 환경문제를 개선할 수 있는 제품과 브랜드를 선택한다. 넷째, 많은 사람의 공감과 지지와 참여를 이끌어내고 사회적, 환경적 문제 해결에 기여하는 브랜드를 선택한다. 다섯째, 믿을 만한 제품과 합리적인 가격을 제시하는 브랜드를 선택한다.

그리고 무엇을 구매하든 진품을 사야 한다. 짝퉁 소비는 오리지널을 개발하고 만든 노력과 시간과 노하우와 품질과 가치를 아무것도 아닌 것으로 만들어버리는 바람직하지 못한 소비 방식이다. 다른 사람의 노고와 과정과 결과를 인정해줄 때 나도 빛난다.

돈을 위해 양심을 저버린 먹거리들을 보이콧하고 지속가능한 먹거리를 찾아 가족과 함께 자부심 있는 식생활을 만들어보는 것은 어떨까?

4장
·
지속가능한
집과 건축

집이 중요한 시대

・　・　・

　현대인의 가장 큰 걱정거리라면 집 걱정이다. 집은 있어도 걱정, 없어도 걱정이다. 집이 없는 사람들에게 내 집 마련은 가장 큰 소원이고, 집이 있는 사람들은 더 크고 좋은 집에서 사는 것을 꿈꾼다. 젊은 세대들은 자기 힘으로 집을 사는 것이 불가능하다고 판단하여 결혼을 포기하기도 하고, 영혼까지 끌어모아 대출을 끼고 집을 산 사람들은 평생 집의 노예가 되기도 한다. 어떤 사람들에게 집은 수익 창출의 수단이고, 세금 폭탄을 부르는 애물단지이기도 하며, 평생 모은 전 재산이자 자식에게 물려줄 유일한 유산이기도 하다. 삶의 방식과 목적에 관계없이 누구에게나 집은 필요하고, 집의 가치도 다르다.

　그 어느 때보다도 집에 머무는 시간이 긴 시대를 살아가고 있다. 학교와 직장을 포함한 집단 활동, 사적 모임과 회식, 여행이 줄어든 대신 집에서 많은 시간을 보내게 되었기 때문이다. 수세기에 걸쳐 연결과 확장을 지향해온 인류에게는 익숙하지 않은 상황임에 분명하다. 코로나로 인한 사회적 거리 두기가 장기화되면서 '코로나 블루'와 같이 우울감과 불안감을 호소하는 사람들도 많아지고 있다.

집에 머물며 일도 하고 음식도 해 먹고 여가를 보내야 하는 시간이 길어지면서, 집에 대해 다시 한번 생각해볼 수 있는 기회가 되었다. 코로나 이후 도서 판매량이 늘어났고, 인테리어에 대한 관심도 높아졌다. 집에서 요리하는 횟수가 늘어나면서 신선식품의 구매 비율도 높아졌으며, 아이들 교육과 재택근무를 위한 장비와 환경 구축 비용 또한 늘어났다. 취미 활동이나 운동을 위한 별도의 공간도 필요하고, 기후와 환경 변화로 인해 공기청정기, 제습기, 가습기, 정수기 등 각종 전자제품들이 집을 가득 채우게 되었다.

가장 큰 변화는 집이라는 공간에서 가족과 함께 보내는 시간이 길어지면서 갈등이 빚어지는 일이 잦아졌고, 그로 인해 집의 본질과 역할에 대해 진지하게 고민하게 되었다는 점이다. 그러면서 자신에게 맞는 집을 찾으려는 사람들이 늘어나고 있다.

그렇다면 집의 본질적 가치는 무엇일까? 집은 사는 물건이라기보다는 삶 그 자체다. 새로운 생명이 태어나고 자라는 삶의 터전이자 배움터이자 일터이며 놀이터다. 그렇기에 집에는 가족 구성원 각자의 삶의 방식과 가치가 담겨야 하며, 편안하게 에너지를 회복하고 충전하는 힐링의 공간이어야 한다. 가족 모두가 각자의 존재를 존중받아야 하고 혼자 있거나 모두가 모였을 때도 행복해야 한다. 집의 형태, 크기, 가격, 위치 등 부동산의 가치를 따지기 전에 나와 가족의 삶의 방식과 가치를 먼저 찾아보고 집의 본질을 추구해야 할 것이다.

재택근무를 하는 남편과 아빠를 보고 얼마나 힘들게 일하고 어떤 일을 하는지 이해하게 되었다는 사람도 많다. 학교를 가지 못하는 자녀들과 하루 종일 씨름하는 아내가 얼마나 힘든지 깨달은 남편도 많다. 책을 더 많이 읽고 건강한 음식을 만들어 먹고 가족의 목소리와 관심사에 귀 기울이는 사람들도 많아졌다. 이웃을 배려하고 존중하며 서로 돕는 모습들도 많이 보인다. 갈등에 집중하면 집은 그저 벗어나고 싶은 공간이지만, 행복에 집중하면 이해와 치유와 즐거움의 공간으로서 삶의 밀도를 높여준다.

지속가능한 건축

· · ·

2017년 런던에서 지속가능한 빌딩 투어에 참여한 적이 있다. 런던 시내 구석구석을 다니며 지속가능한 기술과 콘셉트를 가진 건물을 방문하여 스토리를 듣고 체험하는 흔하지 않은 프로그램이었다. 런던에서 새로운 건물을 짓기 위해서는 아주 까다로운 지속가능 건축 기준을 충족해야 한다. 건축물의 구조, 소재, 시공 방식, 안전, 커뮤니티와 다음 세대에 미치는 영향, 에너지 사용, 운영 효율성, 향후 철거 방식 등등 수많은 평가 항목과 세부 지표로 구성되어 있다. 우리가 보통 지속가능한 건축물을 얘기할 때 소재, 에너지 효율성 등에만 집중하는 것과는 달리, 나중에 신경 쓸 요소까지 고려하는 것을 볼 수 있었다.

그중에서 가장 기억에 남는 건축물은 43층짜리 스트라타 SE1Strata SE1이라는 빌딩이다. 건물 꼭대기에는 멀리서도 보일 만큼 커다란 구멍 3개가 뚫려 있는데, 세계 최초로 고층 건물에 풍력 발전 설비를 탑재한 것이었다. 완공 초기에는 세계에서 가장 혁신적이고 지속가능한 빌딩으로 유명세를 탔다. 건물에서 사용되는 총 에너지의 약 7~9% 정도를 43층에 설치된 대형 풍력 발전 터빈을 통해 충당한다는 것이었다.

그러나 현실은 달랐다. 고층 건물의 꼭대기 층은 펜트하우스로, 초고가에 임대되거나 분양된다. 스트라타 SE1도 43층에 세계의 부호들이 입주하게 되었는데 풍력 발전 때문에 발생하는 진동과 소음으로 불만이 높아진 것이다. 결국, 풍력 발전 시스템의 가동을 중단했다고 한다. 국내에서는 여전히 스트라타 SE1이 지속가능한 건축 우수 사례로 소개되곤 하지만, 실상은 가장 혁신적인 시도였으나 가장 실패한 사례로 남은 것이다.

또한, 외벽이 유리로 된 고층 건물들은 단열이 취약하여 냉난방비가 많이 들 수밖에 없다. 그래서 뉴욕에서는 유리로 된 고층 건물의 신축을 금지하는 법안을 마련하고 건물의 에너지 소비량을 측정하여 온실가스 배출량을 줄이지 못하면 벌금을 물리는 방안을 준비 중이기도 하다.

이렇듯 전 세계는 지금 지속가능한 건축 열풍이 불고 있다. 매일같이 친환경 신소재, 기술, 공법 등이 소개되고, 에너지 효율성을 높이고 탄소 배출량을 줄이며 신재생 에너지를 더 적극적으로 쓰도록 하기 위한 각종 규제가 강화되고 있다.

그렇다면 과연 지속가능한 집, 친환경적인 건축이란 무엇일까? "모든 살아 있는 존재는 함께 살 수 있다"라고 한 박경리 선생의 말에 많은 힌트가 담겨 있다고 생각한다. 살아 있는 존재가 살아가기 위한 설계를 고민하고 이를 건물에 담아내려고 노력하는 것이 지속가능한 건축이다. 그 고민을 구현하는 방법은 다양할 것이다. 가족 구성원의 개성과 가치가 존중되고 행복하게 살아갈 수 있는 공간이어야 한다.

환경문제는 우리가 살아가는 데 가장 근본이 된다. 석유를 활용하지 못하던 시대에도 인류는 살아남았다. 그러나 물이 없고 나무가 없다면 살 수 없다. 모든 존재는 생명의 연결 고리를 통해 서로 영향을 주고받으며 공존한다. 다른 생명과 같이 살아갈 수 없는 환경이라면 인간도 살아가기 어려운 환경이라는 뜻이다. 다른 동물보다 우위에 선 존재로서 통제하고 독점할 것이 아니라, 함께 살아가는 존재로서 모든 생명을 존중해야 하고 건축에도 그런 가치가 담겨야 한다.

환경친화적이고 지속가능한 소재, 자재, 공법 등 다양한 기술의 발전은 당연히 중요하다. 그러나 에너지 효율성을 높이는 방법만큼이나 삶의 밀도를 높여주고 따뜻하게 품어줄 수 있는 가치가 담긴 공간이 야말로 지속가능한 집의 중요한 기준이 된다.

3가지 집

· · ·

인류에게는 3가지 집이 필요하다. 첫 번째 집은 살아 있는 모든 존재의 터전인 지구다. 지구라는 안식처와 자연이 없다면 우리는 존재할 수 없다. 인간은 공기, 에너지, 먹거리, 물, 집을 짓는 자재에 이르기까지 지구에서 모든 자원을 얻으며 살아가다 자연으로 돌아간다. 지구는 차별 없이 모두를 끌어안는 존재이므로 우리 모두의 첫 번째 집이다. 지구에 문제가 생기면 개인적으로 아무리 좋은 집을 가지고 있어도 안정적이고 지속가능한 삶을 영위하기 어렵다. 집이 망가지거나 문제가 생기면 어떻게든 고치려고 노력한다. 공동 주택이라면 많은 사람이 머리를 모아 해결 방법을 모색한다. 그런데 지구라는 집에 문제가 생겼다는 신호는 오래전부터 전달되었는데도 여전히 외면하는 사람들이 많다는 것은 안타까운 일이다.

두 번째 집은 우리의 몸이다. 몸은 또 하나의 우주이자 생태계이며, 생명과 자아와 영혼이 살고 있는 집이다. 몸이 제 역할을 하지 못하면 마음이 약해지고 하고 싶은 일도 하지 못하게 된다. 몸도 지구와 다르지 않아서, 문제가 있다고 신호를 보내도 이를 무시하고 방치하면 어느 순간 돌이킬 수 없을지도 모른다. 그래서 건강한 음식을 먹고 운동과 명상 등을 통해 마음의 평화도 적극적으로 찾아야 한다.

세 번째 집은 가정을 이루는 물리적인 집, 바로 주택이다. 날씨와 각종 위험으로부터 보호해주고 지친 몸을 충전하며 음식을 먹고 휴식을 취할 수 있는 곳이다. 그런데 언젠가부터 행복한 가정, 따뜻한 안식처로서의 집이 부의 잣대이자 부동산 가치로 변모하는 것 같다. 어느 동네에 있고 얼마나 큰 집에 사느냐가 행복의 크기를 결정한다고 믿는 사람도 있다. 삶의 질이 떨어지는데도 언젠가 오를 부동산 가치를 기대하며 현재의 행복을 포기하는 사람도 있다.

집을 바라보는 획일화된 가치는 개발이라는 방식으로 더 큰 사회적 획일화를 창조했고, 그 주류에 끼지 못하면 뒤처질 것만 같은 두려움까지 불러일으킨다. 획일화의 결과물인 도시화는 다양한 사회문제를 양산한다. 하늘 높은 줄 모르고 뛰는 부동산 시세로 집을 구하지 못해 결혼을 포기하는 사태가 벌어지고, 주차나 층간 소음 문제로 살인이 일어난다. 인간이 처음 집을 지어 살기 시작했다는 6,000여 년 전부터 지금까지, 집은 그 형태만큼이나 그 가치와 품고 있는 의미가 크게 변화되었다.

지구가 지속가능하지 못하다는 사실은 이미 많은 사람이 공감하고 있을 것이다. 인류의 상당수는 지구를 내 집이라고 생각조차 하지 않을 것이다. 누구나 위협이 되는 행위, 집이나 사유지에 쓰레기를 마구 버리고 나무를 베거나 화학약품이나 폐기물을 투기하는 행동을 용납

하지 않는다. 지구를 자신의 소유라고 생각하고 사유재산을 지키듯이 지구를 대할 필요가 있다.

이제부터는 집의 개념과 범위를 좀 더 확대하여 생각해볼 필요가 있다. 집에 대한 생각과 가치의 확장은 삶을 더욱 밀도 있게 하고 라이프 스타일을 지속가능하게 만들어줄 궁극의 솔루션을 담고 있다. 소유의 개념으로 바라보면 지구를 자신의 것으로 여겨 더 건강하게 보살피고 가치 있고 지속가능하게 만들기 위해 애쓰게 될 것이다. 특히 더 많은 부를 축적한 사람들이 사회적, 환경적 문제에 관심을 더 많이 기울이고 적극적으로 개선하려 노력해야 한다. 지구라는 삶의 터전이 망가지면 아무리 좋은 집에 살고 많은 돈을 가지고 있어도 소용없기 때문이다.

몸이라는 집도 마찬가지다. 아버지가 세운 작은 기업을 물려받아 건실한 중견 기업으로 일군 지인이 있었는데, 운전기사가 딸린 멋진 차를 타고 100평 넘는 좋은 집에 살며 별장을 3채나 가지고 있다. 그런데 지인에게 경영 자문을 하다 보면 왠지 모를 쓸쓸함이 느껴졌다. 남들이 부러워하는 삶을 살고 있지만, 집에 가면 물건들에 치여 마음 편히 쉴 공간이 없고 가족들과 모여 식사 한번 하기 힘들다고 말한다. 그러던 어느 날 암으로 진단받았는데, 이미 말기 상태였다. 죽을 날을 받아놓으니 유산을 놓고 가족들의 불화가 시작되었다. 그는 돈이 많지 않았다면 가족들이 저렇게 되지는 않았을 것이라고 한탄했다.

인류의 역사는 소유한 것을 지켜내거나 더 가지기 위한 치열한 과정이다. 소유하고 축적하는 것은 힘겨운 수렵 채집 생활을 거치면서 살아남기 위해 터득한 인류의 본성일 것이다. 그리고 그 이면에는 나의 자녀와 다음 세대에게 좀 더 나은 삶을 물려주고 싶은 마음이 있다. 이제는 부를 물려주는 데에서 그치지 말고 더 나은 세상, 더 살기 좋고 가치 있는 세상을 물려주기 위해 지속가능한 라이프 스타일을 우리가 사는 집과 주거 방식에 적용해야 할 것이다.

집에는 인생의 가치가 담겨야 한다

· · ·

과거에 나는 서울 신도림동에 있는 월 50만 원짜리 원룸에서 살았는데, 복층으로 된 18평형 원룸으로 실평수는 8평 정도였다. 이곳을 개인 사무실 겸 숙소로 쓰면서 8년 동안 살았다. 그 작은 공간에서 사업도 일으키고 책도 쓰고 지속가능경영 전문가로서 입지를 다졌다. 아내와 나는 결혼을 하고도 이 작은 원룸에서 살기로 했다. 우리만의 라이프 스타일이 반영된 보금자리를 천천히, 즐겁게 만들어가기로 마음먹은 것이다.

당시 대기업에 다니던 아내는 결혼 소식을 사내 게시판에 공지했다. 그랬더니 결혼하면 어느 동네에 있는 어느 아파트에서 살 거냐고 질문하는 사람들이 그렇게나 많았다고 했다. 신도림에 있는 월세 원룸에 들어갈 거라고 했더니 왜 그런 사람과 결혼하냐고 물었단다. 두 사람에게는 한 번도 문제가 되지 않았던 것이 어떤 사람들의 잣대와 가치로는 이해할 수 없는 결정이었나 보다.

집은 내가 먹고 쉬고 잘 공간Space인가? 가족과 함께 행복을 만들어 가는 가정Home인가? 아니면 자산 가치를 높이기 위한 돈Money인가? 대부분의 사람들은 이 3가지 의미를 모두 담고 싶을 것이다. 여기에 또 하나의 의미를 부여하고 싶다. 바로 나만의 라이프 스타일을 실현 하고 표현하는 수단이라는 점이다. 이 세상에는 다양한 삶의 방식이 있다. 각자의 생각과 가치를 표현하고 자신만의 라이프 스타일이 적 극적으로 묻어나는 다양한 집이 많아지고 다양한 삶의 방식을 있는 그대로 인정하는 주거 문화가 정착되어서 다음 세대에게 긍정적으로 전달될 수 있기를 바란다.

나는 언젠가 내 집을 짓고 살고 싶다고 어릴 때부터 생각했다. 누군 가가 지어놓은 집, 획일화된 가치로 지은 집, 다른 사람의 눈치를 보느 라 라이프 스타일이 방해받는 집이 아니라, 나만의 가치와 삶의 방식 을 확장해줄 수 있는 집을 짓고 싶었다. 그러려면 나는 어떤 사람이고 어떤 라이프 스타일을 즐기며 어떤 공간이 나에게 행복감을 주는지 알아야 한다.

그래서 결혼하기 전부터 여행을 가면 땅을 보러 다녔다. 그러던 어 느 날 가평에 놀러 갔다가 아내의 지인을 통해 땅을 보러 갔는데, 참 신기한 경험을 했다. 전원주택 단지로 개발해놓은 곳이었고 분양받을 수 있는 땅이 여러 곳 있었는데 유독 한 곳에서 땅이 나를 알아보고 안

아주는 것만 같았다. 아무것도 없는 허허벌판에 여기저기 돌이 굴러다니고 물이 고여 있었는데도, 그렇게 따뜻하고 온화할 수가 없었다. 아내도 나와 똑같은 느낌을 받았고, 무엇에 이끌리듯 그날 그 땅을 계약했다. 그리고 집을 지어 10년째 살고 있다.

초등학교 6학년 때 나는 큰 교통사고를 당하고 생사를 넘나드는 시간을 보내면서, 남들이 정해놓은 기준에 따를 게 아니라 내 가치와 비전에 따라 살아가야 하며, 내가 먼저 행복해져야 그 에너지로 더 큰 행복을 전달할 수 있고, 하고 싶은 일은 경험해보는 것이 좋으며, 삶은 선물이라는 것을 그 어린 나이에 알았다. 그리고 내가 제대로 사는 것만으로도 다른 사람과 다음 세대에 긍정적인 영향을 미칠 수 있다는 사실을 깨달았다. 그 이후로 나는 자신에게 더욱 집중하는 삶을 살았고, 누가 뭐라든 소신껏 일하고 잘되면 감사하고 잘못되면 내려놓을 줄 알아야 한다는 교훈도 얻었다. 하루를 살아도 가치를 지키면서 내가 행복한 방식으로 더 나은 세상을 만드는 데 기여하는 삶을 사는 것이야말로 진정 원하는 삶의 방식이었다.

나만의 가치와 성향이 담긴 공간이 나의 일터이자 집이 된다면 너무나 행복할 것이라고 생각했다. 그런 공간에서라면 원하는 라이프 스타일을 충분히 구현할 수 있다. 그러려면 내가 어떤 사람이고 무엇을 추구하는지 살펴보고, 자신의 가치와 라이프 스타일을 마음껏 펼칠 수 있는 공간을 만들어가야 한다. 삶의 방향과 가치가 명확하다면 그렇게 살아갈 수 있도록 선택하면 된다. 집의 형태나 크기, 지역은 상관없다. 집에 가치를 담은 이름을 붙여주고 추구하는 삶의 방향이 드러나도록 가꾸면서, 작더라도 나만의 공간을 만들고 애정을 쏟는 것이다.

오래전, 친구가 서울에 취업했다며 집에 초대한 적이 있었다. 한낮에도 어둑한 지하 단칸방이었는데, 집에 들어서는 순간 좋은 커피 향이 행복한 자극을 주었다. 커피라면 환장하는 그 친구는 자신의 취향을 반영하여 TV 둘 곳도 없는 작은 방에 커피 테이블을 두고 원두를 갈아 맛난 커피를 내렸고 힐링 타임을 즐겼다. 한편, 잠을 잘 자는 것이 건강과 인생의 퀄리티를 결정한다고 생각하는 후배가 있다. 월세 원룸 오피스텔에 살고 있는 이 후배의 집에 가면 빌트인 가구와 냉장고를 제외하면 정말 아무것도 없이 암막 커튼과 침대 하나뿐이었다. 또한 미니멀리즘에 빠져 있는 지인은 무소유를 실천하고 단순한 생활을 유지하면서 편두통이 나아지고 자존감이 높아졌다고 말한다.

아마추어 환경 운동가인 어떤 사람은 플로깅Plogging(이삭 줍기를 뜻하는 스웨덴어 플로카업Plocka Up과 달리기를 뜻하는 영어 조깅Jogging의 합성어) 또는 줍깅(쓰레기를 주우며 조깅을 하는 것)을 취미로 하며 집에서만큼은 일회용 플라스틱을 쓰지 않고 음식물이나 쓰레기를 최소화하려고 노력한다. 모든 전등을 LED로 바꾸고 신선한 음식만 먹기 위해 작은 크기의 냉장고를 사용한다.

꽤 큰 아파트에 살고 있는 어떤 선배는 가족이 많아서 자기만의 공간이 없었다. 자녀들은 방에 처박혀서 스마트폰으로 영상을 즐기거나 게임을 하기 때문에 가족이 모여서 대화할 기회도 없었다고 한다. 그래서 주방을 자신의 공간으로 만들고, 그곳에서 일도 하고 책도 보고 차를 마시거나 요리를 하기 시작했다. 그랬더니 어느 날, 아들이 옆에 앉아 같이 책을 읽고 있더라는 것이다.

집은 인생에서 쓰는 돈 중에서 가장 비싼 것이다. 그렇게 큰돈을 투자하면서 추구하는 가치와 라이프 스타일을 담을 수 없다면 안타까운 일이다. 세상의 기준에 나를 맞추려고 하거나 다른 사람과 비교하지 말고, 지금 처한 환경에서 나만의 스토리를 만들어보길 바란다.

존경과 행복의 집

● ● ●

나는 좀 더 자연과 가까이 살고 싶고 지속가능한 삶을 실천하기 위해 도심과 좀 멀리 떨어진 경기도 가평에 집을 짓고 3개의 독립된 공간으로 분리하여 아내와 나의 공간을 만들고 서로의 일과 시간과 취향을 존중하기로 했다. 나의 핵심 가치인 '존경'과 아내의 핵심 가치인 '행복'을 조합하여 '존경과 행복의 집'이라는 이름도 지었다.

이 집은 나의 일터이자 배움터이고, 내가 추구하는 가치가 담긴 물건과 관심사로 채워진 놀이터이자 좋은 사람들이 모이는 사회적 공간이기도 하며, 아내와 함께 작은 허브 텃밭을 가꾸며 자연을 벗 삼는 쉼터이기도 하다.

작은 공간을 독립적으로 나누고 단열을 강화하여 난방비를 줄이고 관리 효율성을 높였다. 매주 이웃과 모여 맛있는 것을 먹으며 행복한 얘기를 나누는 휘게Hygge(웰빙을 뜻하는 노르웨이어에서 비롯된 말로 좋은 사람들과 함께하여 행복감, 편안함, 따뜻함 등을 느끼는 것) 라이프를 즐긴다. 서로 다른 라이프 스타일을 추구하면서 자신만의 스타일로 집을 지었지만, 서로를 있는 그대로 존중해주며 따뜻한 식사와 정을 나눌 수 있는 사람들이 이웃이라는 것만으로도 행운이다. 주말에 모여서 일주일간 묵은 얘기들을 나누다 보면 행복이 먼 곳에 있지 않다는 생각이 든다.

존경과 행복의 집은 건물 두 채로 되어 있는데, 1층짜리 건물은 '행복동'으로 부부가 사는 살림집이고, 2층짜리 건물은 '존경동'으로 공용 서재이면서 작은 학교이자 부부의 사무실로 쓰인다. 외부는 노출 콘크리트 방식이고, 내부는 따뜻하고 포근한 나무 소재를 활용하였다. 두 건물 사이에는 바람길을 내서 공기의 흐름을 원활하게 했는데, 사계절 내내 쾌적한 상태를 유지한다. 그리고 건물을 땅의 가운데에 앉혀서 사방의 정원을 모두 활용할 수 있도록 했다. 그랬더니 네 개의 개성 있는 정원이 탄생했고, 작은 공간이지만 사계절 내내 지루할 틈이 없는 특색 있는 공간이 되었다. 무엇보다도, 뒷정원을 무성하게 하고 앞마당을 비웠더니 자연스럽게 순환이 이루어졌고 집이 습해지지 않았다.

특히, 존경동 1층에 있는 서재는 작은 마을 도서관 콘셉트로 꾸몄는데, 책도 보고 차도 마시고 음악도 들으며 많은 이들과 소통하는 커뮤니티 공간이다. 4.5미터 높이의 층고를 살려 한쪽 벽면에 책장을 설치했고, 그 앞으로 큰 원목 테이블을 놓아서 많은 이와 소통하는 자리를 마련했다. 이 공간은 신발을 신고 출입할 수 있어서 자유롭게 드나들기 편하다. 존경과 행복의 학교는 바로 이 공간에서 열린다.

나는 우리 부부가 중요하게 여기는 인생의 핵심 가치가 집에 고스란히 반영되기를 바랐다. 1년여의 설계 끝에 2개의 독립된 건물, 3개의 독립된 공간으로 구성된 존경과 행복의 집이 지어졌다. 다음의 글은 존경과 행복의 집을 설계한 건축가 임형남, 노은주 소장이 쓴 것으로, 집에 대해서 생각해봐야 할 중요한 가치를 담고 있다.

(전략)

존경과 행복으로 집을 지어달라는 부부가 찾아왔다. 30대의 젊은 부부였다. 부부는 각자 인생의 키워드를 가지고 있다고 했다. 남편의 키워드는 존경이었고, 부인의 키워드는 행복이었다. 그래서 존경과 행복의 집을 짓고 싶다고 했다. 늘 집의 재료는 생각임네, 하며 떠들었지만 막상 '존경', '행복'이란 단어들을 앞에 놓고 설계하자니 막막했다. 무엇이 존경이고 무엇이 행복인가? 나는 존경과 행복의 집을 설계하기 시작했다. 땅 위에 필요한 방을 깔아놓고 정원을 들이고 마당을 나누며, 과연 존경이란 무엇일까 생각해보았다. 존경이란 둘 혹은 그 이상의 존재가 있어야 하고 그 존재들 간의 관계 혹은 시선이 아닐까? 그리고 그 존재는 서로에 대한 펄펄 끓는 애정보다는 적당한 거리에서 서로의 방향과 움직임을 존중해주고 꿈을 비춰주는 것이 아닐까? 그리고 그것은 건축의 가장 기본이 아닐까? 땅과 사람, 집과 사람, 집과 땅…… 집을 둘러싼, 혹은 집을 이루는 모든 요소들이 서로 존경하고, 그러므로 행복해진다는……. 그것은 우리가 건축을 배울 때 제일 먼저 만나는 문구들이었다. 그러는 사이 사무실과 주거, 두 기능이 합해진 그 집에 적당한 거리가 생기고 어슷하게 틀어져 각자의 방향이 생겨났다. 두 건물은 옥상을 통해 부드럽게 이어지며 집을 둘러싼 숲과도 적당히 조화를 꾀하게 되었다. 그 조화 속에서 모두 편안해지고 모두 행복해지는 모습이 떠올랐다. 아마 아주 오랜 옛날에 처음으로 집을 지었던 그 사람도 그런 존경과 행복을 상상하며 집을 지었을 것이다.

임형남(건축가, 가온건축 대표, 존경과 행복의 집 설계)

집을 지으면서, 집을 다 짓고 나서도 사람들의 편견과 비평과 충고는 이어졌다. 대부분이 남들은 이렇게 하지 않는다는 이야기였다. 하지만 집은 내 생각과 가치와 취향에 따라 지어져야 하고, 집주인이 추구하는 라이프 스타일을 실현할 수 있는 공간이어야 한다. 나는 넓이나 소재보다도 독립적인 공간을 원했다. 작은 집이지만 화장실과 주방 시설을 3개씩 갖추었다. 가구를 따로 사지 않았고 우리 삶의 패턴에 맞게 제작하여 오래오래 쓰기로 했다. 너무 많은 물건을 쌓여 놓지 않기 위해 수납 공간을 일부러 많이 만들지 않았고, 음식물 쓰레기를 만들지 않으려고 냉장고도 최소화했다. 마당에 빗물을 받아 저장하는 공간을 만들어 정원수로 활용하고, 모든 물건은 지속가능성을 담은 제품으로 구매한다.

책도 쓰고 강연도 하고 컨설팅과 자문도 하고 있지만, 지속가능한 삶을 실제로 살아보고 그 방법과 가치를 보여주고 싶었다. 집 자체가 지속가능한 생각과 가치를 담고 있고 지속가능한 라이프 스타일을 펼칠 수 있다. 나는 이 집이 많은 사람에게 지속가능한 삶의 방식을 보여주고 이야기를 나누는 학습의 장이 되길 바란다.

자연과 지속가능성을 누리는 삶

∙ ∙ ∙

명품은 희소성, 심미성, 품질, 역사, 독창성이라는 조건을 만족해야 한다. 그러나 명품의 조건이 시대의 흐름에 따라 변화하고 있다. 이젠 명품, 즉 럭셔리도 진정성 있는 경험, 개인 맞춤화 서비스 그리고 윤리적, 사회적, 환경적으로 책임 있는 제품과 서비스를 제공하고 지속가능성에 대한 구체적인 성과를 보여주어야 한다. 명품 브랜드들이 너나 할 것 없이 친환경 소재를 개발하고 지역 장인과 협력 회사와 상생을 강조하며 지속가능한 제품과 서비스를 늘리는 데는 이유가 있다. 어디서, 무엇을 사느냐도 중요하지만, 왜, 어떻게 사느냐가 더 중요해지고 있다. 삶의 방식과 사는 곳도 마찬가지로 변화하고 있다.

TV에서 고급 호화 주택을 보며 사람들은 나도 저런 럭셔리한 삶을 살고 싶다는 열망을 가지기도 한다. 진짜 럭셔리한 삶이란 어떤 것일까? 부동산 시세가 높은 지역에서 명품을 소비하고 비싼 집에 살면 럭셔리한 라이프 스타일을 즐길 수 있을까?

지속가능한 라이프 스타일이 중요해지면서 럭셔리한 삶의 개념 또한 변화하고 있다. "행복이 새로운 부유함의 기준이다Happiness is the New Rich", "마음의 평화야말로 새로운 성공의 기준이다Inner Peace is the New Success", "건강은 새로운 풍요로움의 상징이다Health is the New Wealth", "친절함은 멋진 사람의 새로운 기준이다Kindness is the New Cool" 등의 말이 전 세계적으로 유행하는 것을 보면, 각박하고 빠르게 변화하는 세상에서 어떠한 삶의 방식을 중요하게 바라보고 추구하는지 알 수 있다.

가격은 더 이상 럭셔리의 필수 요소가 아니다. 새로운 럭셔리는 다양성의 인정, 의미와 가치 추구를 기초로 한다. 다른 사람들의 다양한 삶의 방식과 가치를 인정하고 존중하며 공존하고 상생하려 한다.

집도 개성 있는 형태와 소재와 디자인 등 각자가 추구하는 라이프 스타일과 가치에 맞게 다양해지고 있다. 지방에 있는 오래된 개인 주택을 고쳐 살기도 하고 일터로 만드는 젊은이들이 늘어나면서, 이러한 공간은 지역에 다양한 색깔을 입히고 활력을 불어넣어준다. 내 생각을 담은 개성 있는 집을 짓고 싶어서 건축가에게 설계를 의뢰하는 사람도 점점 늘어나고 있다. 건축주의 생각과 가치, 건축가의 경험과 기술이 만나 많은 사람에게 영감을 주는 집이 탄생하기도 한다. 큰 집보다는 작은 공간을 효율적으로 활용하여 생활비를 아끼고 취미나 취향에 투자하는 사람들도 많아지고 있다. 시골의 자연과 벗 삼아 건강하고 여유로운 삶을 자녀에게 선물하고자 하는 부모들도 많아졌다.

물론 집이 넓고 시설이 좋으면 삶이 좀 더 편해질 수는 있다. 하지만 대단지 아파트에 사는 게 최고라든가, 개인 주택에 살면 불편하고 관리해야 할 게 많아서 안 좋다든가 하는 식으로 획일적으로 판단하는 것은 다양한 가치와 가능성을 삶에서 차단하는 습관이다.

또한 정부 정책이나 금융 제도는 획일화를 부추기는 셈이다. 한번은 대출을 받으려고 은행을 방문했는데 아파트에 거주하는 직장인이 아니면 대출을 받기 힘들다는 대답이 돌아왔다. 정부 주도의 주택 공급 계획 또한 다양한 라이프 스타일과 개성 그리고 장기적 시각으로 지속가능성을 고려하기보다는 숫자로 나타날 수 있는 근시안적 성과에 집중하는 것이 사실이다.

내가 서울을 떠나 가평에 집을 지으려 할 때, 아직 젊은데 왜 은퇴한 사람처럼 살려고 하느냐고 나무라는 사람들도 많았다. 서울에서 작은 아파트라도 구해서 불리지 않으면 평생 목돈 만질 기회가 없다며 안타까워하는 사람도 있었다. 그러나 중요한 것은 만족도이고, 집을 통해 내가 추구하는 가치와 라이프 스타일을 충분히 펼칠 수 있는가 하는 점이다. 나는 집을 통해 마음의 평화를 얻었고 자연과 함께 건강한 일상을 즐기고 있으며 좋은 이웃과 행복한 삶을 살고 있다. 무엇보다도 지금의 집은 내가 추구하는 지속가능한 라이프 스타일을 실천할 수 있는 공간이다. 삶의 밀도를 높여주고 진정한 럭셔리 라이프를 즐길 수 있게 해주므로 정말로 만족한다.

좋은 집의 정답은 없다. 그러나 새로운 럭셔리의 기준은 지속가능한 라이프 스타일이 추구하는 가치와 다르지 않다. 나의 행복을 적극적으로 찾고 마음의 평화와 건강을 중요하게 생각하며 다른 사람들에게 긍정적인 영향을 미치는 것은 돈만으로는 절대 완성할 수 없는 멋진 삶이다. 좋은 집은 이러한 삶의 자세를 품어주고 나만의 개성과 가치를 표현할 수 있어야 한다. 나는 진정한 럭셔리는 자연을 마음껏 누리고 내가 추구하는 가치를 충분히 펼치는 삶이라고 믿는다.

자연과 함께하는 삶을 살다 보면 매일매일 감탄할 일이 벌어진다. 지구와 자연은 살아 있는 존재이기에 자연의 아름다움을 발견하고 감탄하고 자주 만나고 오래 지켜주는 것이 곧 자연에 감사하는 방법이 아닐까 한다. 우리는 좋은 것을 후손에게 물려주기 위해 온갖 노력을 기울이면서, 왜 삶의 터전인 지구와 자연을 위해서는 그렇게 적극적이지 못한지, 아쉬울 따름이다.

전원생활을 시작하면서 가장 많이 받은 질문 중의 하나는 "도시에서 살 때와 가장 큰 차이점이 무엇입니까?"라는 것이다. 그러면 나는 "도시에서 살 때와 다르게 감탄을 많이 하게 됩니다"라고 답한다. 자연이 주는 경외심이 감탄으로 이어지고, 인간 중심의 사고가 자연으로 확대되면서 정보를 받아들이는 시스템도 확장되는 느낌이다.

나는 집에 찾아오는 동물을 항상 반긴다. 그중에서도 다람쥐는 정말 재밌는 존재다. 한번은 입안에 얼마나 많은 잣과 씨앗을 물었는지, 석축을 타고 오르다가 그 무게를 견디지 못하고 바닥으로 굴러떨어졌다. 그러면서 입 밖으로 열매와 씨앗이 튀어나왔는데, 족히 한 줌은 되었다. 그 모습을 보고 웃지 않을 수 없었다. 게다가 그렇게 모은 씨앗을 여기저기 묻어서 숨겨놓는데, 묻어놓고도 그 장소를 잊어버려서 봄이 되면 씨앗이 싹을 틔우기도 한다. 그렇게 몇 년 지났더니 잣나무가 이제는 꽤 많이 자랐다.

이 또한 지속가능성을 위한 큰 그림이지 않을까? 다람쥐들이 여기저기 묻어놓은 씨앗과 열매 덕에 새로운 나무들이 태어나고, 그 다람쥐의 후손은 그 나무에서 수확한 먹이로 삶을 이어나간다. 직접 먹이를 구해다 주지 않아도, 장기적인 시각으로 다음 세대를 위한 준비를 한 셈이다.

살아 있는 존재가 모두 함께 행복하게 살아가면서 소중한 가치에 귀 기울이고 자연이 주는 무한한 감탄을 누릴 수 있는 곳. 많은 사람들이 살고 싶어 하는 집이 이런 곳이었으면 좋겠다.

사는 곳을 바꿔
지속가능한 인생을 만난 사람들

· · ·

젊은 청년 하나가 존경과 행복의 집에 찾아왔다. 브랜드 디자이너로 성공하길 꿈꾸며 치열하게 서울살이를 하던 중에, 예상과는 다른 업무 현실과 조직 생활, 가치관이 다른 사람에게 치여 만신창이가 되기 일보 직전이었다. 자신의 가치를 펼칠 수 있는 기회는 없고, 경쟁은 치열했다.

삶을 바꾸고 싶다면 사는 곳을 바꾸라는 말이 있다. 마침 그 청년의 아버지가 시골에서 오랫동안 유기농 토마토 농장을 운영하고 있었다. 나는 그 친구에게 시골로 내려가 토마토 농사일을 배워서 디자인을 접목해보라고 조언했다. 지속가능하고 건강한 농사법은 앞으로 차별되는 경쟁력이 될 것이고, 거기에 디자인을 접목하면 평범한 토마토를 명품 브랜드로 만들 수 있다고 생각했다.

그러자 이 청년은 놀랄 만큼 현실적인 질문을 던졌다. "정말 그렇게 하고 싶은데 내가 시골로 내려가면 결혼을 못 할 것 같아 걱정입니다. 어떻게 하죠?" 그러나 시골에 가서 농사짓고 산다는 이유로 결혼하지 않겠다는 사람은 그를 있는 그대로 존중하고 사랑하지 않는 것이다. 서로의 가치를 펼칠 수 있도록 지지하고 응원해주는 사람을 찾으면 분명 짝을 만나게 될 것이라고 답해주었다.

그는 서울을 떠나 고향으로 향했고, 토마토에 디자인과 브랜드를 더하고 진정성과 감성을 담았다. 자연 발효한 퇴비를 활용하여 지속가능하고 친환경적인 농사 방법을 추구하고 식재료의 가치에 대한 소비자 인식을 바꾸기 위한 유통 채널을 다각화하며 적극적으로 그의 철학을 알렸다. 얼마 지나지 않아 기쁜 소식이 들려왔다. 예쁜 신부를 맞아 결혼한다는 것이었다. 결국 그는 서로를 응원하고 자연이 주는 수확의 기쁨을 나눌 줄 아는 사람을 만났다. 지금은 세 명의 자녀와 함께 브랜드 파머Brand Farmer로서 농업과 6차 산업에 큰 영향을 미치는 건실한 농부로 성장했다. 이렇듯 '기토'라는 방울토마토 브랜드로 유명한 '그래도팜'의 원승현 대표는 사는 곳을 바꾸고 자신의 가치를 담아 지속가능한 성장 모델을 만들어가고 있다.

물론 복잡한 도시를 벗어나야만 가치를 펼치고 지속가능한 삶을 살 수 있는 것은 아니다. 반경 500미터 내에 스타벅스가 없으면 살 수 없다는 사람도 있다. 직장을 주거의 중심으로 삼는 사람도 많다. 남들이 보기에는 열악한 환경이지만 집을 고치는 대신 명품 가방을 들고 다니는 것에 더 큰 보람을 느끼는 사람도 있다. 다만 원하는 삶의 방향이 무엇인지 고민하거나 답을 찾지 못한 채, 지금의 삶이 전부인 것처럼 살거나 더 나은 삶을 선택할 기회가 없다고 믿는 것을 경계해야 한다.

청년 주거 정책을 살펴보면 안타까운 점이 많다. 작은 방 하나를 저렴한 가격에 임대해주고 몇 년 살다 보면, 집값은 더 올라 나만의 집을 소유할 수 있는 기회 자체가 사라진다. 그래도 살 곳이 있으니 이에 만족하며 살아야 한다는 암묵적 강요처럼 느껴진다. 그보다는 정부가 나서서 한 사람이 여러 채의 집을 소유하고 돈벌이의 수단으로 활용하는 것은 막아야 한다. 작고 허름하더라도 나만의 집을 소유하고 가꿀 수 있는 사회가 되면 좋겠다. 다음 세대가 집을 어떤 시각으로 바라보고 집이 가지는 역할과 기능을 어떻게 생각하는가에 따라서 미래

사회의 발전 방향이 달라질 수 있다고 믿는다.

　서울에서 아파트를 내 힘으로 살 수 없으니 내 집 마련을 포기하거나 현실에 안주하지 말았으면 좋겠다. 그리고 이런 생각이 다수의 생각이고 문화인 것처럼 호도하지 않았으면 좋겠다. 기성세대의 생각이 틀렸고 사회 시스템이나 정책이 잘못되었다고 생각하면 스스로 다른 선택을 하여 바꾸어나가야 한다. 정치 민주화를 이루기 위해 수많은 사람이 오랜 시간 투쟁하고 노력하고 실천했던 것처럼 말이다. 집이야말로 인간이 가장 많은 시간을 보내는 공간이고 꿈을 꾸고 가정을 이루고 삶을 완성하는 공간이다. 자본주의 사회에서 부동산을 통해 부를 축적할 수도 있지만, 그보다는 집이 가지는 본질을 생각했으면 좋겠다. 그리고 더 나은 선택을 하길 바란다.

　세상이 정해놓은 기준이나 잣대에 나를 끼워 맞추려고 하지 않는 한, 실패한 삶이란 있을 수 없다. 내가 겪는 모든 것은 궁극적으로 추구하는 가치와 삶의 방향을 찾아가는 즐거운 배움의 과정이며, 피가 되고 살이 되는 경험이다. 선택이라는 말은 다른 선택지가 있다는 것을 전제로 한다. 결국, 인생은 정한 대로만 살아야 하는 것이 아니다. 원하는 방향으로 가기 위해 계속 방향을 바꾸고 더 나은 선택을 하는 것이 인생이다. 내가 살고 있는 집도 마찬가지다. 지금 살고 있는 집이나 환경이 나와 맞지 않다면, 세상이 뭐라든 나의 행복과 지속가능성을 위해 다른 선택을 할 수 있는 용기가 필요하다.

삶을 더욱 밀도 있게 만드는
지속가능한 습관

• • •

과거의 도시는 성곽을 중심으로 통치와 방어, 전염병 예방 등의 목적으로 도시를 설계하고 집을 지었다. 그러나 지금은 경제성, 편리성, 안전성 등에 더 큰 비중을 두고 있다. 미래 도시의 시작이라고 할 수 있는 스마트시티의 핵심 콘셉트는 사람과 사람 간의 접촉을 최소화하는 편리한 첨단 도시다.

여기서 중요한 질문을 던질 필요가 있다. 과연 스마트시티가 필요한가? 구글이 야심 차게 진행하던 스마트시티 프로젝트를 포기한 이유가 바로 여기에 있다. 안전하고 편안한 삶을 살 수는 있겠지만, 통제와 감시는 필수가 되어 자연스럽게 '초감시 시대'로 접어들 것이고, 개인의 가치와 개성을 담은 라이프 스타일보다는 획일적인 삶의 방식이 자리 잡게 될 것이다. 시스템에 의한 편리함과 통제에 의한 안전보다는 각자의 개성과 가치가 존중받고 자연 친화적이며 서로 간의 배려로 프라이버시가 지켜지고 같이 상생할 수 있는 도시가 진정으로 스마트한 공간이 아닐까?

도시와 집이 어떠한 형태로 발전하든 지속가능한 삶을 위해 집이 갖추어야 할 또 하나의 중요한 요건은 바로 힐링의 기능이다. 복잡하고 각박한 현대인의 삶이지만 집에서 즐길 수 있는 힐링법을 찾고 에너지를 회복하는 것은 건강하고 지속가능한 라이프 스타일을 만들어가는 방법이다. 집이 치유의 역할을 하지 못하고 스트레스의 원인이 되는 경우도 있다. 집에 돌아와 온전히 휴식을 취할 수 없고 프라이버시가 존중되지 않으면 아주 고통스러울 것이다. 그러므로 음악이든, 요리든, 책이든, 운동이든 혼자서 즐길 것이 있어야 한다. 최근의 이러한 트렌드는 평범한 삶을 좀 더 창의적이고 밀도 있게 만든다. 이렇듯 집이라는 공간을 치유와 회복의 공간으로 만들고 가꿀 필요가 있다.

자신만의 고유한 의식을 리추얼Ritual이라 하고 자신만의 고유한 반복적 행위를 루틴이라고 한다. 지속가능한 라이프 스타일을 위해 강조하는 태도, 습관, 예방, 기술 중 리추얼이나 루틴은 습관에 해당된다. 이러한 습관은 나의 행복과 평화가 다른 존재나 사람에게까지 긍정적 영향을 미치도록 하는 선순환을 만든다. 운동선수나 작가 중에도 자신만의 루틴과 리추얼을 가지고 우수한 성과를 낸 사람이 많다. 꼭 성과를 따지지 않더라도 집에서 나를 회복하고 에너지를 줄 수 있는 반복적인 습관은 삶을 좀 더 풍성하게 만들어준다. 어떤 사람은 매일 아침 감사 일기를 쓰면서 하루를 시작하기도 한다. 나는 어떤 일을 시작하기 전에 좋아하는 향기로 공간을 정화하고 짧게 명상을 한다. 내가 아는 CEO는 30년째 아침에 반신욕을 즐긴다고 한다. 건강도 챙기고 생각을 정리하는 시간을 갖기 위해서라고 한다.

비움은 지속가능한 삶을 도와주는 좋은 습관이다. 어떤 스님은 계절마다 집을 정리하고 필요 없는 것을 비우라고 조언한다. 요즘 방송에서 많이 다루는 주제도 집인데, 뭘 그렇게 쟁여놓고 싶어 하는지 넓은 수납 공간과 드레스 룸 등에 대한 집착이 어마어마한 것을 볼 수 있다. 잔뜩 쌓인 옷 앞에서 입을 게 없다고 하거나, 먹거리로 가득 찬 냉장고 문을 열고는 먹을 게 없다고 말한다. 비슷한 물건이 있어도 새로운 물건을 보면 또 가지고 싶은 욕망이 생긴다. 빈 공간이 있으면 어떻게든 채워 넣으려 하지만, 가지고 있는 물건 중에서 1년에 한 번도 손대지 않는 것도 많다. 어떤 것은 있는지조차 잊고 있다가 우연히 발견하면 놀라기도 한다. 안 쓰는 물건은 필요로 하는 사람과 나누거나 처리하는 것이 좋다. 집은 좋은 에너지와 기운을 유지하여야 하므로, 정리 정돈을 통해 건강하고 심리적 안정감을 줄 수 있도록 가꾸어야 한다.

뭔가를 채우려면 비워야 하듯이, 삶을 밀도 있게 채워나가려면 비우는 과정이 반드시 필요하다. 인공적이고 화학적인 것을 치우고, 오랫동안 안 쓴 물건은 나누거나 비우자. 꼭 필요한 것만 남기고 오래 쓰는 습관을 길러보자. 그리고 나의 가치가 담긴 나만의 라이프 스타일을 채우고 소중하게 가꾸어나가자.

5장
·
지속가능한
교육과 학습

위기의 교육 vs. 구원의 교육

· · ·

짐 데이토를 비롯한 많은 미래학자들이 포스트 코로나 시대에 가장 우려하는 변화로 교육과 학습을 꼽고 있다. 대면과 접촉을 통한 관계 구축 그리고 소통과 공감을 통한 배움이야말로 가장 확실하고 효과적인 방법이라는 근본적 믿음이 흔들리고 있는 것이다.

학교 운동장은 아이들이 몸을 부대끼며 뛰어놀고 소리치고 웃고 우는 소통과 교류와 학습의 장이었다. 그런데 땀을 흘리고 몸을 부대끼는 경험적 학습의 부재가 걱정스럽다. 유치원생이나 초등학생이 얼굴을 마스크로 가리고 있는 모습을 보면 안타깝기 그지없다. 지금 태어나는 아이들은 세상에 나오자마자 마스크를 쓰고 사람과의 접촉을 피하며 살아야 한다. 예전에는 마음껏 교류하고 소통했다는 사실도 모른 채로 성장할 것이다. 그리고 왜 자신들에게 이러한 세상을 물려주었는지 부모와 이전 세대를 원망하며 살아갈 것이다.

내가 어릴 적에는 그만 놀고 빨리 들어와서 밥 먹고 공부하라는 부모님의 목소리가 골목 여기저기에서 들리곤 했다. 그러나 이제는 그렇게 노는 것을 부모들이 절대 허락하지 않을 것이고, 여럿이 모여 몸을 부대끼며 운동하는 것은 아무래도 어려워 보인다. 그러다 보니 다양한 교육적 시도나 창의적 콘텐츠의 실험이 극히 제한된 환경에서 이루어질 수밖에 없다.

교육이라는 말을 들으면 사교육, 시험과 평가 등 입시와 연관된 교실 교육과 정부 정책 등을 떠올리는 사람이 많지만, 아이러니하게도 흉악 범죄를 저지른 사람이나 사이코패스 등 사회 부적응자는 윤리 교육의 부재나 현 교육 체계에서 문제의 원인을 찾는다. 버릇없는 아이나 태도가 좋지 않은 직원에게는 가정교육이 잘못되었다고 말하곤 한다. 시민의식이나 장인정신의 부족, 심지어 환경문제 또한 궁극적으로는 교육의 문제라고 지적하는 전문가도 많다. 패륜을 저지르고 말썽을 부리는 자식들을 앞에 두고 부모들은 내가 잘못 가르쳐서 그렇다고 말한다.

교육과 학습, 배움의 범위와 방법은 상상하는 것보다 넓고 깊고 다양하다. 학교 교육, 입시 교육, 가정 교육, 인성 교육, 시민 교육, 윤리와 도덕 교육, 전문 분야 교육, 취미 교육, 태도 교육, 리더십 교육에 이르기까지 교육이 영향을 미치지 않는 영역은 없다. 역사적으로 볼 때, 지금처럼 교육이 풍성하고 다양하게 이루어진 적은 없다. 그만큼 교육이 삶과 인생에 적지 않은 영향을 미치고 있다는 의미다. 반면, 교육의 가치와 역할에 대해서 의심하는 사람들 또한 늘어나고 있다.

2000년 초에 나는 한 지자체와 함께 초중고등학교 윤리 및 시민 교육 프로그램을 기획하여 야심 차게 운영했다. 시민의식과 지속가능성 그리고 윤리적 태도와 리더십에 관한 커리큘럼을 구성했다. 나는 이 시대를 살아가는 모든 사람에게 꼭 필요한 교육이고 미래를 만들어 갈 다음 세대에게는 생존의 문제라고 확신했다. 그런데 놀랍게도 교육 프로그램을 운영한 첫날 꽤 많은 학부모에게서 연락이 왔다. 쓸데 없는 강의는 하지 말고 공부에 집중할 수 있도록 해달라는 것이었다. 투쟁처럼 이어가던 교육은 결국 얼마 가지 못하고 흐지부지 마무리 되었다.

과연 삶과 인생에서 무엇이 중요한 공부이고 쓸데없는 공부인가? 어떤 기준으로 판단할 수 있을까? 올바른 가치와 판단 기준을 심어주고, 세상과 공감하는 태도를 가르치고, 세상이 향하는 방향을 예측하는 것은 너무나 중요하다. 입시 교육에만 집중하면 성적이 높은 학교에 들어갈 수는 있겠지만, 이 시대가 원하는 인재는 될 수 없을 것이다. 시험은 잘 볼 수 있겠지만, 인생을 살아가는 지혜와 사람을 이해하는 공감 능력이 부족하여 더 나은 기회를 창출해내지 못할 수도 있다.

온라인 세상에서는 온갖 이상한 일이 벌어지고 있다. 옳은 일을 해도 공감과 지지는커녕 꼬투리 잡기에 열을 올린다. 세상을 긍정적으로 바꾸는 데 기여했는데도 조그만 단점만 보이면 물어뜯는다. 나는 그렇다 쳐도 다른 사람은 완벽해야 한다는 이중적 잣대를 들이대기 때문이다. 목소리 크고 무식하게 우겨대면 장땡이라고 착각하는 사람도 많다. 착하게 살면 손해 보는 세상이라는 말도 심심찮게 듣는다. 누가 길에 쓰러져 있어도 함부로 도와주었다가는 범죄자로 몰리는 세상이다. 좋은 일을 하려고 해도 한참을 고민하고 리스크를 따져봐야 하는 세상에 살고 있다.

그러나 세상이 이상해졌다고 불평만 하기보다는 나부터 우리 가족과 자녀에게 정말 중요한 교육을 꾸준히 해야 한다. 코로나로 인해 제대로 수업을 받지 못하는 것은 안타까운 일이지만, 어쩌면 그동안 간과해왔던 가치와 태도, 관계와 소통, 지속가능성에 대한 교육의 중요성을 다시금 생각해보고 재정비하고 시작할 수 있는 기회라고 생각한다.

나는 교육이 콩나물시루 같다고 생각한다. 콩나물을 키우려면 구멍이 숭숭 뚫려 있는 시루를 쳇다리를 걸쳐놓은 자배기에 올려두고 검은 보자기를 덮어준 후 자주 물을 부어주면 그만이다. 물은 자배기로 곧장 빠져 내려가 고인다. 바로 이 물이 교육과 같은 역할을 한다. 물을 붓는 족족 밑으로 빠져나가 아무 역할을 하지 못하는 것 같아도 어느 순간 콩나물은 쑥쑥 자라 있다. 자배기는 공기 순환을 돕고 고온 다습한 환경을 만들어 콩나물이 잘 자라게 해준다. 의미 없는 시간처럼 여겨졌던 교육이 누군가의 삶을 변화시키기도 하고, 당장 큰 성과를 내지 못하는 것 같아도 장기적으로는 누군가를 성장시키는 밑거름이 되기도 한다. 꾸준하고 진정성 있는 교육은 사람의 그릇을 크게 만들어주고 세상을 바라보는 시각을 바꿔주며 무엇보다 올바른 방법으로 실천할 수 있도록 돕는다.

그렇다면 다양한 교육을 받고 경험하고 성장한다는 것은 구체적으로 어떤 의미일까? 그런 사람들은 남들은 볼 수 없는 사소하지만 중요한 요소, 즉 디테일을 볼 줄 안다. 또한 디테일한 시각을 바탕으로 문제 해결 및 실천 능력을 갖추고 있다. 그리고 자신으로부터 시작해서 스스로를 위해 실천할 줄 아는 긍정적 자세를 갖추고 있다. 이런 사람들이 세상을 좀 더 나은 곳으로 만들어간다. 불편한 것을 적극적으로 고쳐나가고 새로운 시도로 또 다른 분야를 개척해나가기도 한다.

교육은 세상을 긍정적 시각으로 바라보고 좋은 태도와 습관을 가질 수 있게 하는 궁극의 솔루션이다. 지속가능한 세상을 만들고 지속가능한 삶을 살기 위해서는 교육이 필수적이다. 그렇다면 어떤 교육이 성장과 변화와 실천을 불러올지 깊이 고민해야 한다.

불확실성의 시대, 가장 확실한 변화

· · ·

세상은 따라가기도 쉽지 않을 만큼 빨리 변화하고, 사람들은 불안감을 안고 살아가고 있다. 2017년에 불확실성의 시대임에도 불구하고 확실한 변화의 방향을 찾는 연구 프로젝트를 진행했다. 약 30개 나라의 국가 미래 전략을 리서치하고 글로벌 100대 기업의 중장기 비전을 살펴보았으며 전 세계 50명 이상의 전문가 인터뷰를 진행했다. 글로벌 발전 방향이 확실히 어떤 곳을 향하고 있다면 다양한 형태의 교육을 통해 대비하고 실천하고 더 나은 성과를 거둘 수 있다. 무엇보다도 다음 세대에게는 미래를 선물하는 교육이 될 수 있다.

불확실성의 시대에 가장 확실한 변화의 트렌드가 있다면, 그 첫 번째는 사회적 가치 창출을 강조하는 것이다. 어떤 일이든 사회적 가치를 고려해야 하는 시대인 만큼, 돈을 벌고 부를 축적하는 과정에도 사회적 가치의 창출은 중요하다.

두 번째는 책임 리더십을 강조하는 것이다. 과거에는 사람들을 이끄는 힘과 성과를 내기 위한 강력한 에너지가 좋은 리더의 상징이었다면, 지금은 좋은 리더의 기준이 달라지고 있다. 강연에서 조직의 리더를 만날 기회가 있는데 그때마다 공통 질문을 던져본다. "어떤 리더로 기억되고 싶은가요?" 그러면 열에 아홉은 '존경받는 리더'로 기억되고 싶다고 답한다. 존경받는 리더가 되려면 어떻게 해야 할까? 존경받을 만한 일을 해야 한다. 그러므로 자신이 한 말을 먼저 실천하고 몸소 보여주어야 존경받는 리더로 인정받을 수 있다.

리더십의 트렌드가 달라진 만큼 리더십 교육의 방향도 달라져야 한다. 과정이야 어떻든 성과만 잘 내면 인정받던 시대는 지났다. 당연히 성과가 따라야겠지만, 과정의 투명성과 책임, 상생을 통한 가치의 창출이 중요하다. 즉, 다른 사람을 빛나게 하는 리더가 진정한 리더라고 할 것이다. 과거에 과정을 중요하게 여기지 않았기에 지금 위기의 시대를 맞이했다고 생각한다. 과정을 본다는 것은 디테일한 것을 보고 느끼고 학습하고 예측할 수 있다는 것이며, 이를 통해 좋은 것은 나누고 나쁜 것은 예방할 수 있다. 결국, 책임 리더십은 지금의 시기에 가장 중요하게 요구되는 리더의 요건이다.

세 번째는 ESG 투자의 확산이다. 가치 있는 곳에 돈이 모이고 장기적인 시각으로 수익을 창출하려는 움직임은 주류가 되고 있다. 돈을 바라보는 시각과 부를 축적하는 태도와 과정에 지속가능한 가치가 결합되고 있는 것이다. 이제는 먹고사는 일에도 품격이 따른다. 개처럼 벌어서 정승처럼 쓴다는 말도 옛말이 되었다. 정승처럼 벌어서 정승처럼 써야 지속가능한 삶을 살아갈 수 있는 시대가 되었다. 돈을 버는 과정에 부정적 요소가 개입하면 그 방식은 더 이상 용납되지 않을뿐더러 미래에 끊임없이 부정적 영향을 미치게 된다. 수익성만 따져서 투자하는 것이 아니라, 사회를 좀 더 나은 곳으로 만드는 데 기여하는 기술과 기업에 투자하길 선호한다. 고무적인 것은 ESG 성과가 좋은 지속가능한 기업이 수익성도 좋다는 점이다. 가치 있는 곳으로 돈이 몰리는 것은 긍정적인 현상이며, 소비 패턴과 기업의 수익 창출 방식을 긍정적으로 바꿔서 지속가능성에 기여하는 선순환 고리를 만들 수 있다.

네 번째는 지속가능성이 일상화되는 것이다. 지속가능성은 국가 정책은 물론이고 기업의 경영과 개인의 일상에서 반드시 고려해야 할 핵심 가치가 되었다. 최근에는 TV 광고에서도 심심치 않게 접하는 개념이 되었고, 지속가능한 라이프 스타일을 표방하는 인플루언서들도 늘고 있다. 지속가능성은 할지 말지의 여부가 아니라 어떻게 잘할 것이냐를 고민하는 단계에 접어들었다.

이러한 변화는 밀도 있는 삶을 살기 위해 반드시 염두에 두고 실천해야 할 요소이기도 하다. 그리고 교육을 통해 알리고 확산하고 발전시키고 다음 세대로 이어져야 하는 핵심 주제이기도 하다.

늘 필요했지만 간과했던 교육

. . .

몇 년 전, 시민의식과 지속가능 경영 교육 과정 개발 협업을 위해 유럽으로 출장을 갔다. 며칠을 머물면서 기업 담당자, 대학교수, 정부 기관 등을 방문했는데, 북유럽을 중심으로 기초 교육 커리큘럼이 혁신되고 있다는 얘기를 들었다. 이는 지식과 진학을 위한 좋은 교육 콘텐츠와 더 효율적인 학습 방식이 온라인을 포함하여 학교 밖에 더 많다는 것을 전제로 한다. 그렇다면 공교육은 어떤 방향으로 변화해야 할 것인지 물었더니, 유럽의 교육 전문가들은 다음의 3가지 분야에 대한 교육이 중요하다고 입을 모았다.

첫 번째, 생존과 안전을 포함한 인권에 대한 교육이다

생존 교육의 핵심은 인간에 대한 애정을 기본으로 하는 생명 존중과 인권 보호다. 이를 바탕으로 일상에서 활용할 수 있는 기술도 가르친다. 예를 들어, 물에 빠졌을 때 필요한 수영, 심폐소생술, 응급처치, 천재지변이나 재난, 사고에 대한 대비와 생존 법칙 등이 해당된다.

세월호와 같이 수많은 사람의 생명을 앗아간 안타까운 사고가 있었는데도 여전히 안전 의식은 부족하고, 다음 세대를 위한 현실적인 재난 대응 교육은 이뤄지지 않는 상황이다. 나만은 아닐 거라는 안일한 생각과 안전 불감증이 안전에 대한 사회적 관심과 적극적인 예방을 방해하고 있다. 보이지 않는 곳에서 이 사회를 지탱하고 안전하게 돌아가게 하는 사람들이 오히려 안전에 취약한 환경에 놓인 경우 또한 많다. 누구에게나 사고는 발생할 수 있고, 그런 상황에서 현명하게 대처할 수 있는 기술과 정보를 알고 있다면 안타까운 일은 줄어들 테고 지속가능한 사회를 만들 수 있을 것이라고 믿는다.

나는 1년에 10번 이상 초중고등학교에서 강의를 의뢰받는다. 다음 세대를 대표하는 학생은 지속가능한 라이프 스타일을 배우고 익혀야 할 중요한 대상이기도 하지만, 그런 문제에 대한 노출이 가장 부족한 대상이기도 하다. 학생들에게 강의할 때마다 꿈이 무엇인지 묻곤 하는데, 몇 달 전 한 초등학교에서 놀랄 만한 대답을 들었다. "저는 의인이 되는 게 꿈입니다." 뉴스에서 불길을 뚫고 생명을 구한 의인을 보면서 그런 사람이 되어야겠다고 생각했다는 것이다. '셀피'로 대변되는 이들의 입에서 '우리'에 대한 얘기를 듣는 것이 놀랍기도 했고 대견스러워 울컥했다.

두 번째, 세계시민의식에 대한 교육이다

지속가능한 라이프 스타일의 이론적 기초가 시민의식이다. 이는 도시나 국가를 넘어서 글로벌 또는 전 지구적 구성원으로서 더 나은 세상을 만들어가기 위해 어떠한 역할과 책임을 다해야 하는지 적극적으로 찾고 행동하는 것을 말한다. 지구 온난화의 문제가 어느 한 나라만의 문제가 아니며, 한 나라의 경제가 다른 나라에 영향을 미치고, 코로나19로 인한 팬데믹이 순식간에 전 세계로 퍼져나가는 것만 보더라도, 우리에게 가장 필요한 교육 주제 중의 하나가 세계시민의식 교육이라는 말에 공감할 것이다. 세계시민의식은 윤리성과 도덕성을 기반으로 하고 있으며 경제적, 사회적, 환경적으로 일어나는 다양한 문제에 관심을 가지고 솔루션을 찾고 나부터 실천하는 것으로 시작한다.

또한 나와 다른 다양한 가치와 생각을 있는 그대로 존중하고 소통을 통해 합의를 이끌어낼 수 있는 사회가 성숙하고 시민의식이 높다. 소수의 생각을 무시하는 것이 아니라 다양한 가치가 공존해야 하며, 서로 존중하고 배우고 가르치는 자세가 필요하다. 남보다 나은 내가 되려는 노력에서 그치지 않고, 나의 성공이 우리 모두에게 도움을 줄 수 있도록 노력해야 한다.

시민 교육에서 집중하는 것이 있다면 토론 문화다. 영국에서 공부하던 시절에 시간이 날 때마다 학교 주변의 마을을 관찰하며 돌아다녔다. 어느 날 성당 옆에 붙어 있는 커뮤니티 센터를 두리번거리고 있었다. 사람들이 모여 앉아서 이야기를 나누다가 눈이 마주치자, 한 중년 여성이 나에게 들어오라고 손짓해서 얼떨결에 들어갔다. 마을 정기 토론이 있는 날이었는데, 마을 근처 학교에 다니고 있으니 나도 커뮤니티의 일원이라고 했다.

마을 토론이나 회의에는 어른만 모일 거라고 생각했는데, 초등학생처럼 보이는 아이부터 20대 젊은 여성, 나이 지긋한 어르신까지 다양한 사람들이 모여 있었다. 주제는 한국의 마을 회의와 크게 다르지 않았다. 쓰레기 처리 문제부터 주차나 봉사활동까지 다양했다. 남녀노소 누구나 손을 들어 의견을 얘기할 때면 경청해주었다. 누구나 노트와 펜을 하나씩 들고 누군가 얘기하면 진지하게 받아 적고 이해하지 못했으면 질문했다. 게다가 나에게도 의견을 물었다. 나는 외국 학생들의 커뮤니티 소속감이 부족한 것에 대해 이야기하면서, 마을 봉사 프로그램에 외국 학생들도 참여할 수 있도록 하고 한국 문화를 소개하는 자리를 만들어주면 기꺼이 알려주고 싶다고 했다. 그로부터 2주 후 커뮤니티 문화 프로그램에서 〈서편제〉가 상영되었는데, 그 자리에서 한국 영화 산업을 간단히 소개하고 일회용 플라스틱 사용을 줄이기 위한 캠페인 봉사활동에도 참여할 수 있었다.

토론은 누군가의 의견을 꺾고 내 의견을 관철시키는 과정이 아니다. 성숙한 시민사회는 서로의 생각과 가치를 존중하고 경청하여 이해한 후 내 생각을 표현하는 과정을 반복하여, 더 많은 사람이 행복한 합의를 이끌어내는 것이다.

세 번째, 가치 있는 행복 추구에 대한 교육이다

"내가 어떻게 하면 행복할 수 있을까?"라는 질문은 누구나 가지고 있는 숙제이지만 자신만의 방법을 찾는 사람은 많지 않다. 그러나 나의 행복으로도 다른 사람의 행복에 기여할 수 있다. 행복은 감정적, 정서적 회복력에 큰 영향을 미친다.

평생 직장 생활을 하고 은퇴하니 할 줄 아는 것이 아무것도 없다는 말을 많이 듣는다. 그래서 우리나라에 등산 인구가 그렇게 많다는 의견도 있다. 나를 행복하게 만드는 취미, 누군가의 눈치를 보지 않고 정서적 안정감과 마음의 평화를 찾는 방법을 배우는 것은 가치 있는 배움일 것이다.

미국 캘리포니아 대학의 소냐 류보머스키Sonja Lyubomirsky 교수는 쌍둥이들을 대상으로 행복에 대한 연구를 진행했다. 그녀의 연구 결과에 따르면, 행복의 50%는 유전적 요인에 의해 결정되는데 그 부분은 바꿀 수 없다고 한다. 다른 50% 중에서 10%는 건강, 생활환경, 소득수준 등 환경적 요인에 의해 결정된다. 나머지 40%가 각자의 노력에 따라 바꿀 수 있는 부분이라고 한다. 물론 절대적인 결과라고는 할 수 없지만, 어떻게 사느냐에 따라 행복을 만들어갈 수 있는 기회가 40%나 있다고도 볼 수 있다.

이 책을 쓰기 위해 세계적인 트렌드를 조사하고 시대적 키워드와 핵심 가치의 변화를 살펴보았다. 지속가능성은 불확실한 시대에 가장 확실하게 강조되고 오랜 시간 유지될 사회적 기조이자 삶의 방식이지만, 어떤 가치든 궁극적으로는 행복을 추구한다. 전 세계 각양각색의 사람들이 오늘도 부단히 노력하고 치열하게 사는 것 또한 좀 더 행복해지기 위해서다. 하지만 행복을 추구하는 방법과 과정에 가치가 접목되었을 때 그 행복은 좀 더 오래 지속되었고 큰 영향력을 발휘한다. 내가 주목하는 부분은 바로 가치가 접목된 행복 추구다. 앞으로 무언가를 결정하거나 실행하기에 앞서서 그것이 자신의 가치에 부합하는지, 그리고 우리를 행복하게 해줄지 고민해야 한다. 행복은 누군가로부터 주어지거나 우연히 발견하는 존재가 아니라 자신이 만들어가는 것이다.

생존과 안전, 세계시민의식 그리고 가치를 담은 행복 추구에 대한 교육은 지속가능한 교육과 학습의 핵심이 되어야 한다. 이러한 교육은 평생 다양한 형태로 이루어져야 하며, 다음 세대에도 이어져 실천하는 태도로 이어지고 습관으로 굳어져 문화로 정착되어야 한다. 그렇게 교육과 학습은 세상을 지속가능하게 만든다.

배움 없는 교육의 시대, 존경과 행복의 학교를 만들다

. . .

내가 어릴 때부터 꼭 이루고 싶던 꿈 중의 하나가 학교를 만드는 것이었다. 지속가능한 가치와 라이프 스타일, 개인의 행복과 존재 가치를 배우고 공유하고 확장하는 학교 말이다. 그래서 2017년부터는 '존경과 행복의 학교'를 만들었다. 기업 교육과 자문 프로그램 이외에도 개인의 삶에 지속가능성을 적용하는 교육과 상담과 코칭을 함께 진행하고 있다. 존경과 행복의 학교는 가르치고 배우는 학교學校 라기보다는 서로를 통해 배우고 가치를 나누며 사귀는 학교學交 다.

큰 규모의 학교가 아니라도, 작게라도 시작하면 꿈을 이루는 것이라는 생각이 들었다. 너무 큰 그림만 그리고 꿈의 완성형을 고집하는 것이 아니라, 지금 할 수 있는 선에서 작은 성공의 경험을 쌓고 작은 성공의 경험이 성공 버릇으로 확장되는 기술이 필요하다.

그래서 존경과 행복의 집에서 오피스 겸 서재로 사용하는 공용 공간에 존경과 행복의 학교를 설립했다. 마이크로 스쿨 콘셉트로, 남녀노소, 기업가, 전문가, 담당자 할 것 없이 누구나 CSR, 지속가능 경영, ESG 등을 배우고 지속가능성을 삶에 손쉽게 적용할 수 있는 다양한 방법과 라이프 스타일 노하우를 제시하며 가치 있는 행복에 대해 함께 이야기하는 곳이다.

런던으로 출장 갔을 때 잠깐 시간을 내서 명상을 배우고 마음 챙김의 시간을 가지고 싶어 수소문했다. 그러다가 작은 학교에 방문하게 되었다. 뮤지엄 오프 해피니스Museum of Happiness(2015년 설립)라는 이름의 비영리 사회적 기업이었는데, 긍정 심리학을 기반으로 마음 챙김, 명상 등 자기 자신을 사랑하고 행복할 수 있는 방법을 배우고 공유하며 확산하는 단체였다. 일하는 사람들의 따뜻함과 편안함에 마음이 놓였다. 두 시간가량 진행된 마음 챙김 명상 수업은 자유롭지만 풍성했고, 끝나고 나니 맑아진 머리와 벅찬 감동이 남았다. 짧은 시간이었지만 선생님과 스태프를 포함하여 참여했던 사람들과 따뜻한 끈으로 연결된 느낌이었다. 그날 배웠던 마음 챙김 명상과 호흡법은 여전히 활용하고 있다. 나도 한국에서 이런 학교를 만들고 싶었다.

진정한 배움과 사귐은 무엇일까? 지속가능성이란 무엇일까? 행복해지려면 어떻게 해야 할까? 감사와 감탄을 배울 수 있을까? 쉼을 공부할 수 있을까? 나를 더 사랑하는 방법을 나눌 수 없을까? 우리 부부는 자신에게, 그리고 서로에게 끊임없이 질문하고 대화한다. 그렇게 해서 탄생한 존경과 행복의 학교에서는 지속가능한 일과 삶을 안내하는 유명훈 학과와 긍정을 주는 향기로운 생활로 안내하는 한서형 학과로 나뉘어 다양한 수업을 운영 중이다.

존경과 행복의 학교는 언행일치를 교훈으로 삼는데, 바르고 건강한 삶을 살기 위해 늘 잊지 않으려는 방향이다. 우리 조상들은 스승의 가르침을 중요하게 생각했는데, 지식뿐만 아니라 삶의 태도와 방식까지 배우고 나누고 이어가려고 했던 배움의 방식을 떠올렸다. 누구의 제

자라는 사실만으로도 자랑스러웠고 평생 스승으로 여기던 문화가 일
제시대를 거치면서 많이 사라진 것은 안타까운 일이다. 딱딱한 교실
에서 똑같은 지식을 전달하고 시험을 보고 평가받다가 졸업하면 기억
에 남을 만한 추억도 없는 현실을 바꿔나가고 싶다. 내가 추구하는 가
치를 소신 있게 말하고 실천하려고 노력하며 다른 사람의 생각과 가
치를 있는 그대로 인정하고 배우려는 사람들을 만나고 그런 삶의 방
식을 확산하고 싶다.

존경과 행복의 학교에서, 우리의 삶을 통해 한 사람의 인생이 따듯
해진다면 그보다 값진 일이 있을까? 우리 부부의 핵심 가치가 담긴 집
에서 핵심 가치를 나눌 수 있다는 것은 너무나 멋진 일이다. 코로나로
인해 대규모 강연이나 대면 강의가 많이 축소된 지금, 존경과 행복의
학교에는 삶의 방향을 고민하고 지속가능성을 배우고 가치 있는 행복
을 만들고 싶은 사람들이 찾아온다.

다름보다 바름,
교육보다는 배움

• • •

애플의 창업자이자 전 CEO인 스티브 잡스는 이렇게 말했다.
"Don't do something better, do it different(더 나아지려 하지 말고 달라
져라)."

다름을 추구하여 성공한 기업은 많다. 애플은 차별화를 통해 독보적인 위치를 선점한 좋은 사례다. 페이스북은 마이스페이스Myspace보다 나아지려는 전략이 아니라 달라지는 방식을 통해 성장했다. 넷플릭스 또한 다른 온라인 영화 채널보다 나아지려고 노력하기보다는 차별화하려 노력한 결과 성공을 이루어냈다. 차별화의 중요성은 기업에만 해당되는 것은 아니다. 복잡하고 치열한 경쟁 환경에서 살아가는 한 남들과 다른 차별화 포인트로 나만의 경쟁력을 구축하고 더 나은 기회를 창출하기 위해 노력한다.

그렇다면 진정한 차별화는 어떻게 가능할까? 어떤 사람은 지식과 경험을, 어떤 사람은 외모와 화술을, 어떤 사람은 인맥과 돈을 차별화 요소로 내세울지 모른다. 그러나 치열하고 복잡한 사회일수록 신뢰가 중요하며, 진정성과 선한 의도는 궁극적인 차별점이 된다. 뇌과학자인 정재승 박사는 복잡해질수록 투명한 사회, 신뢰할 만한 사람이 되는 것이 중요하다고 강조했다. 지식을 축적할 수 있는 교육의 기회는 넘쳐나고, 미디어의 발달로 트렌드를 따라가는 것도 어려운 일이 아니다. 더군다나 인맥과 돈을 활용하여 기회를 창출하려는 사람을 더 이상 이 사회는 곱게 봐주지 않는다. 결국 비슷한 조건이라면 신뢰할 만한 사람을 선택할 것이다.

그렇기에 남들보다 나아지고 달라지려는 노력도 중요하지만, 좋은 사람이 되려고 노력해야 가치 있는 사람으로 인정받을 수 있다고 생각한다. 즉, '다름보다는 바름'을 추구하자는 말이다. 동서고금을 막론하고 좋은 사람을 양성하는 것이 교육의 핵심이었다. 그렇다면 바름을 강조하는 교육은 어떻게 강화하면 좋을까?

석사 공부를 하기 위해 영국 대학원의 오리엔테이션에 참가했을 때였는데, 대개는 학교 안내 책자를 나눠주고 일정 등을 공유하고 마쳤건만 여기는 달랐다. 학생 수가 적어서일 수도 있겠지만 교수와 직원한 사람이 학생 한 명씩을 전담했다. 대학원이고 비즈니스스쿨이라 나이 지긋한 학생도 있었는데, 학생들의 손을 잡고 학교 안내부터 시작했다. 학교 시설을 안내하면서 학교의 역사를 자세히 설명해주었고, 많은 사람들이 함께 사용하는 시설이니만큼 다른 사람에 대한 배려, 청결, 안전을 강조했다.

도서관에서 가장 많은 시간을 보냈는데 책을 빌리는 방법을 설명하면서 다른 사람과 함께 보는 책이니 대여 기간을 준수할 것, 책에 낙서하지 말 것, 책에 있는 내용을 참고할 때는 반드시 인용 문구를 넣고 저자에 대한 예의를 갖출 것, 복사는 필요한 경우에만 하고 7페이지이상 복사하지 않을 것 등을 귀에 못이 박이도록 강조했다. 그날 받은 오리엔테이션은 내 인생에 지대한 영향을 미쳤다. 어린 시절부터 이런 교육을 꾸준히 받고 자란 사람이 많은 사회는 보편적 가치와 신뢰수준이 높아질 수밖에 없다.

공정하고 윤리적이고 바른 것을 추구하는 교육은 반복되어야 하며 장기간 유지되어야 한다. 무엇보다도 실행에 옮기고 실천할 수 있도록 구체화되어야 한다. 지속가능한 라이프 스타일은 바른 생각을 기반으로 하여 태도, 습관, 예방, 기술이라는 실천 방법으로 구체화될 수 있다. 꾸준히 교육하고 반복해서 보여주면 지속가능한 라이프 스타일도 보편적 용어, 콘셉트, 습관, 조건으로서 일상이 될 것이다.

세상에 불만을 가지고 다른 사람을 탓하면 눈빛이 변하고 목청만 커진다. 부끄러움을 버린 사람들은 목적을 달성하기 위해 시도 때도 없이 목청을 높이고 다른 사람의 의견을 무시한다. 쉽게 화를 내고 부정적인 말과 행동을 쏟아내며 다른 사람을 무안하게 만든다. 그런데 욕을 내뱉으면 그 욕을 듣는 첫 번째 사람은 나 자신이 된다는 사실을 잊어서는 안 된다. 인상을 쓰고 화를 내면 내 기분이 먼저 나빠진다. 스스로 고통과 스트레스를 주는 것과 마찬가지다. 다른 사람을 속이거나 사기 치려고 머리를 굴리는 사람들의 머릿속은 부정적인 생각으로 가득 차서 그나마 남아 있던 판단력과 의식을 갉아먹는다.

바름을 강조하는 교육과 함께 중요하게 배우고 가르쳐야 하는 것이 부끄러움이다. 부끄러움이 사라진 자리에는 뻔뻔함이 남는다. 부끄러움은 내 생각과 행동의 옳고 그름을 판단할 수 있는 기준을 뜻한다. 부끄러워할 줄 안다는 것은 나를 사랑한다는 의미이기도 하다. 공중도덕이나 법을 어기면 부끄러워할 줄 알아야 한다. 의도하지 않았더라도 다른 사람에게 피해를 줬다면 부끄러워할 줄 알아야 한다. 강자에게는 약하고 약자에겐 강한 사람들, 도움이 필요한 사람들 앞에서는 뒤로 빠지고 자신의 이익을 위해서만 목소리를 높이는 사람들을 경계해야 한다. 자녀들이 보는 앞에서 목소리 큰 사람이 이기는 세상이라며 가르치는 부모도 있다.

그러나 세상이 바뀌고 사람들이 달라지기를 기대하며 불만만 키우기보다는 내가 추구하는 가치대로 태도와 습관을 고쳐보는 것이 좋다. 개인이 바로 서고 자기 자신을 믿고 사랑하는 사람들이 많아져야 세상이 제대로 굴러간다. 자신을 사랑하는 사람은 안전을 위해서라도 공중도덕을 지키고 깨끗한 환경에서 살아가기 위해서 쓰레기를 줄이려고 노력한다. 무엇보다도 나쁜 말을 하거나 인상을 쓰거나 화를 내는 대신, 따뜻한 말과 미소로 자신에게 먼저 긍정적인 정서를 선물한다. 이런 사람이야말로 현명하고 신뢰할 수 있으며 승자로 살아가는 사람들이다.

긍정적인 정서를 느끼고 습관화하기 위한 가장 좋은 방법은 무엇일까? 정답은 긍정적인 무언가를 실천하고 꾸준히 행동으로 옮겨보는 것이다. 배운 것을 일상에 적용하고 실천하는 것은 뉴노멀 시대에 가장 필요한 자세다. 자신은 제대로 실천하지 못하면서 다른 사람의 행동을 쉽게 비판하고 욕하는 것은 크나큰 사회적 결핍 요소이며, 성공을 가로막는 지름길이자 리더십 실패의 원인이 될 것이다. 언행일치는 좋은 이미지와 신뢰를 얻기 위해서만이 아니라 자신의 건강과 사회적 관계 그리고 지속가능한 삶을 위해 필수적으로 요구되는 태도다.

평생의 배움

· · ·

이제 교육은 일방적으로 받는 것이 아니라 직접 고르고 구입하는 것으로 바뀌었다. 집에 가만히 앉아서 전 세계의 교육 프로그램을 구매하거나 무료로 들을 수 있다. 적극적으로 교육을 소비하는 사람을 '에듀케이션 쇼퍼Education Shopper'라고 부르는데, 일각에서는 일은 하지 않고 교육만 들으며 시간을 보내는 청년들이 늘어나면서, 깊이 없는 소비성 교육에 대해 비판의 목소리를 내기도 한다. 그러나 소비성 학습과 배움이 무조건 나쁜 것은 아니다. 교육을 통해 디테일한 시각을 키우고 태도와 습관을 바꾸거나, 새로운 선택과 기회를 적극적으로 창출할 수 있는 채널이 열려 있다는 뜻이기 때문이다. 다만 가르치는 사람의 실력과 진정성을 구별할 줄 안다면 콩나물시루에 물 붓듯이 배움을 습관화하는 것도 좋다. 그러는 사이 자신도 모르게 다양한 측면에서 성장하고 있음을 느낄 수 있을 것이다.

그런데 교육에는 목적의식이 있어서 일을 하거나 돈을 버는 데 사용할 수 있어야 효용성이 있다고 생각하는 사람들이 많다. 그렇지 못한 경우 헛배웠다거나 돈과 시간 낭비라고 하는데, 삶과 생활 습관, 삶을 바라보는 가치를 바꿀 수 있는 교육이라면 가치 있는 투자가 될 것이다.

내가 교육의 중요성과 나부터 실천하는 가치를 이토록 강조하는 이유는 현대 교양인의 기본 덕목이 교육과 밀접한 연관이 있기 때문이다. 일본의 경영 컨설턴트 아사다 스구루는《한 줄 정리의 힘》(센시오, 2019)이라는 책에서 "교양인은 자신의 정체성을 알고 본질을 파악한다"라고 정의하였다. 이것이 자유롭고 독립적으로 인생을 살아가는 바람직한 교양인의 조건이라고 생각한 것이다. 책을 읽고 배우고 사람을 만나고 미디어를 접하지만, 자신의 정체성과 연계하여 이해하고 자신만의 것으로 소화시켜 실천하는 교양인은 많지 않다. 뉴노멀의 시대에는 자신의 본질을 파악하고 부단히 배우고 실천하는 사람이 성공하고 살아남을 것이다.

새로운 전통을 만들어가야 하는 시대를 살아가면서, 과거에는 크게 고민하지 않았던 기후변화, 환경, 인권을 비롯한 다양한 경제, 윤리, 사회, 환경문제가 산재해 있다. 이를 해결하려면 과거에서 배우고 이어나가는 것뿐만 아니라 지금부터 새로운 전통을 만들어 미래 세대에게 좋은 것을 물려주어야 한다.

요즘 부모들은 자식이 장성하여 결혼하고 자식을 낳은 후에도 돌봄을 멈추지 않는다. 자식들의 공부와 성공을 위해서라면 어떻게 해서든 방해 요소를 제거하려고 노력한다. 그런데 자녀들이 살아갈 세상의 지속가능성이 생존과 삶의 질에 영향을 미치는데도 적극적으로 나서서 이 문제를 개선하려고 노력하는 부모들이 많지 않다. 세월호 사고로 수많은 어린 생명을 잃고도 다음 세대를 위한 강력한 법규와 안전 관리 시스템을 만들기 위한 노력은 벌써 소홀해졌다. LH 사태로 불신이 팽배해졌지만, 정부 정책과 공무원, 부자만 욕할 뿐 정직하게

밀도 있는 삶을 위한 인문학

부를 축적하고 하루하루를 충실하고 행복하게 살기 위해 실천하는 부모는 많지 않다. 무엇이 중요한지 아는 것은 중요한 생존 법칙이다. 그러나 이제는 살아남는 것이 중요한 것이 아니라 어떻게 살아가느냐가 중요하다.

조지 버나드쇼George Bernard Shaw는 한 번의 고상한 실패가 수많은 저속한 성공보다 훨씬 낫다고 했다. 고상한 실패는 과정의 중요성을 알고 있어야 가능하다. 과정을 중요시하면 어떤 결과가 나오더라도 떳떳하고 배울 것이 남는다.

두려움 없이 미래와 마주하기

· · ·

영국 출신의 작가이자 미국 독립전쟁에 많은 영향을 미친 토마스 페인Thomas Paine(1737~1809년)은 "이 시대는 인간의 영혼을 시험하는 때"라는 말을 남겼다. 18세기 미국 독립전쟁과 프랑스혁명은 역사의 중요한 발자취이며 인간의 영혼을 시험했던 순간이다. 전 세계를 덮친 글로벌 팬데믹 역시 21세기에 인간의 영혼을 시험한 중요한 심판대로 기억될 것이다.

인간의 영혼을 잠식하는 가장 큰 요소는 불안감과 불확실성에서 오는 공포다. 감당하기 벅찰 만큼 빠르게 변화하는 세상과 끝을 알 수 없을 만큼 팽창하는 지식에서 살아남아야 하므로 불안감은 더욱 커질 수밖에 없다. 우리 세대는 PC통신부터 시작해서 5G에 이르기까지 모든 통신과 네트워크 발전을 경험했고 일상에서 활용하기 위해 부단히도 노력하고 있지만, 내가 알고 활용하는 기술은 일부에 지나지 않는다. 그러니 매일매일 뒤처지는 것 같은 느낌을 지우기 어렵다.

얼마 전만 해도 연애, 결혼, 출산을 포기했다는 3포 세대가 언급되더니, 요즘은 비전, 희망, 미래가 없다는 '3무 세대'가 뜨고 있다. 이에 관심까지 더해 4무라고도 한다. 비전도 없고 희망도 없는데 관심이 있을 리 없다. 이러한 현상은 모두 불확실성에서 오는 불안감과 두려움에서 기인하는 것으로 보인다. 그러나 두려울수록 현실을 직시해야 한다. 불확실성의 시대이지만 변화의 트렌드는 존재한다. 사회적 가치 창출, 책임 리더십, ESG 투자, 지속가능성이 그것이다. 확실한 변화의 방향에 귀 기울이고 내 것으로 만드는 배움의 과정이 필요하다.

어떻게 하면 두려움 없이 미래를 마주하고 불안감 없이 현재에 충실한 삶을 살 수 있을까? 나는 교육에 그 답이 있다고 믿는다.

특히, 어떤 가치를 따르고 삶의 목적을 어디에 둘 것인지 반복적으로 생각하는 것은 아주 중요한 역할을 한다. 사상과 종교는 반복적 가르침이 얼마나 위대한 결과를 낳는지 보여주는 사례다.

당장 지구에 거대한 운석이 떨어져 인류가 멸망할 위기에 처한다면 그 문제를 해결하기 위해 인류는 어떤 희생을 감수하고라도 즉시 노력을 기울일 것이다.

거대한 운석은 인류가 초래한 문제도 아니고 쉽게 컨트롤할 수도 없다. 하지만 인류가 만들어낸 다양한 문제에 대한 솔루션은 의외로 가까운 곳에 있다. 바로 스스로가 솔루션이 되는 것이다. 생각과 태도를 바꾸고 삶의 방식을 지속가능한 형태로 변화시키면 다가올 문제를 예방하거나 늦출 수 있다. 그 노력은 자신의 삶에도 즉각적인 즐거움과 풍요와 행복과 보람을 주고 자녀들에게 기회를 제공해줄 것이다. 바로 그것이 지속가능한 라이프 스타일이 중요한 이유다.

두려움 없이 미래를 마주하기 위해 갖추어야 할 지속가능한 삶의 자세

1. 누가 보지 않더라도 바른 행동과 의사결정을 하는 윤리적 캐릭터와 명성을 구축하라.
2. 인생에서 가장 중요한 핵심 가치를 인식하고 삶에 녹여내라.
3. 꿈을 이루기 위해서 책임져야 할 것을 받아들여라.
4. 자신만의 긍정적 유산을 구축해나가고 내가 떠난 이후 어떻게 기억될지 관리하라.
5. 자신만의 두드러진 특징, 역량, 기술, 장점, 성격 등을 개발하고 긍정성을 담아라.
6. 사회에서의 모든 인간관계를 소중히 대하라.
7. 자신의 가치가 드러나고 스토리가 있는 좋은 옷을 신중하게 고르고 오래 입어라.
8. 머리 스타일을 단정히 하고 항상 스마트하게 보일 수 있도록 노력하라.
9. 훌륭한 커뮤니케이터가 되도록 노력하라. 글을 쓰고 대화하고 발표하는 능력을 키워라.
10. 다른 사람들의 충고와 피드백을 기꺼이 받아들이고 강점을 강화해나가라.

생텍쥐베리는 "배를 만들고 싶다면, 사람들을 시켜 나무를 모으고 역할을 나누고 명령을 내리면서 북을 칠 것이 아니라, 거대하고 끝없는 바다를 갈망하게 만들어라"라고 말했다. 특히, 어릴 때부터 지속가능한 경험을 일상으로 만들어주는 부모의 현명한 배려와 교육은 자녀의 삶을 바르고 건강하고 행복하게 만들어줄 것이다.

6장

지속가능한
기업 활동과 소비 스타일

누군가의 삶을 변화시키는 착한 영향력

• • •

누구에게나 인생에 지대한 영향을 미치는 순간이 있다. 2003년 이른 여름, 런던의 한 호텔에서 나도 그런 순간을 마주했다. 평상시에 동경하고 존경하던 기업가이자 사회운동가인 아니타 로딕Anita Roddick을 만났기 때문이다. CSR과 지속가능 경영에 대한 컨퍼런스 행사에서 강연을 마친 그녀는 다음 일정이 있는지 급하게 자리를 옮겼다. 그런데 자리에 앉아 있던 수많은 청중이 그녀를 따라가기 시작했다. 호기심에 나도 그 무리에 끼어 그녀를 따라갔다. 사람들은 그녀와 악수나 포옹을 하길 원했고, 기업과 사회에 대한 그녀의 견해를 듣고 싶어 온갖 질문을 쏟아냈다. 나도 용기를 내어 한마디만 해달라고 소리쳤다.

주변에 동양인이 나밖에 없어서일까, 그녀가 갑자기 뒤를 돌아서더니 사람들을 가로질러 내 앞에 섰다. 그리고 어깨에 살짝 손을 올리더니 "가치 있는 모든 것은 머리가 아니라 손과 발이 할 수 있도록 해야 한다. 그리고 더 나은 세상을 만들어가려는 한 사람의 힘이 얼마나 큰지 항상 기억하라!"라고 말하고 홀연히 사라졌다. 내가 앞으로 어떤 일을 하고 어떻게 살아가야 할지 답을 찾은 순간이었다. 그 자리에 서서 가슴이 울렁거리는 것을 느꼈다. 미래에 대한 확신이 없었던 나에게 그 한마디는 확실한 비전 그 자체였다.

나는 처음 더바디샵의 창업 스토리와 아니타 로딕의 철학을 듣고 영국 매장을 방문했을 때 새로운 세상으로 걸어 들어가는 느낌을 받았다. 그동안 관심의 대상이 아니었지만 더 큰 가치와 문제를 담고 있는 것이 눈에 들어왔고, 그동안 주류 경영 방식과 비즈니스 전략에서는 들어보지 못했던 화장품업계의 동물 실험, 지역사회 공존을 위한 공정무역, 오존층 파괴 물질의 사용, 열대우림 파괴, 각종 자원과 노동력 착취, 포장 혁신, 고래의 개체수와 멸종 위기종 등의 문제와 갑작스럽게 연결되는 느낌이었다.

그녀는 기억도 못하겠지만, 한 사람이 다른 사람에게 미치는 놀라운 영향력을 체험하는 순간이었다. 2007년 9월 11일, 아니타 로딕은 뇌출혈로 사망했지만 가치와 신념으로 이끄는 리더십과 비즈니스가 어떻게 세상과 소통하고 성공할 수 있는지 보여준 대표적인 사례다.

더바디샵은 2017년 '모두를 풍요롭게 하는 세상, 희생 없이 우리가 만들어 갈 수 있습니다Enrich not Exploit-it's in our hands'라는 새로운 기업이념을 발표하였다. 즉, 어떤 희생이나 피해 없이 모두 풍요로운 세상을 만들어나갈 수 있다는 의미다. 더바디샵은 제품, 사람, 지구에 대한 약속을 제시하면서 해결해야 할 문제의 해법을 찾아가는 비즈니스 방식을 적용함으로써 고객에 대한 신뢰는 물론이고 미래에 성장 가능한 사업 구조를 만들고 있다. 최근에 본 기업 경영 철학과 CSR 전략 중에서 가장 와 닿았다. 또한 많은 기업에 CSR과 지속가능경영의 올바른 방향을 제시해준다고 생각한다. 이렇듯 아니타 로딕의 경영 철학과 가치는 시대 변화의 흐름에 맞게 업그레이드되며 유지되고 있다.

〈보그〉는 아니타 로딕과 더바디샵에 대해 "에스티로더의 화장품 병 바닥에는 영원한 젊음의 세계가 있고, 아니타 로딕의 화장품 병 바닥에는 이 세상 그 자체가 있다"라는 평을 남겼다. 〈USA투데이〉는 "바디샵은 단순한 상점이 아니다. 교육의 무대다"라는 평가를 남기기도 했다.

물론 더바디샵이라는 회사가 완벽하다는 뜻은 아니다. 여러 가지 부침이 있었고 지속가능성을 담은 비즈니스를 위해 투쟁을 해야만 했다. 그리고 여전히 개선하고 혁신해야 할 요소도 많다. 2006년에는 로레알그룹에 인수되어 기존 고객의 외면을 받기도 하고, 환경 단체들의 불매운동 대상이 되기도 했다. 2017년에는 매출 부진을 이유로 브라질 최대의 화장품 기업인 나투라앤코Natura & Co.에 매각하였다.

강의 중에 더바디샵의 사례를 들려주면 CSR과 지속가능경영을 잘했어도 매각되는 처지가 되지 않았느냐고 질문하는 사람도 있다. 기업 간 인수와 합병은 다양한 이유로 이루어지며, 더 큰 사업적 영향력을 발휘하기 위해 가치 있는 브랜드를 인수하는 것은 업계에서 흔한 일이다.

"수익을 창출하거나 성장하지 못하는데 CSR과 지속가능경영이 무슨 의미인가?"라는 질문은 가장 먼저 경계하고 바꾸어야 할 생각의 틀이다. 그런데 상당수의 사람들이 CSR과 지속가능경영은 기업이 돈을 잘 벌고 나서야 할 수 있는 것이라는 생각을 가지고 있다. 즉, 사회적 가치와 책임을 고려하고 지속가능성을 추구하는 노력은 기업이 돈을 버는 것과 무관하거나 오히려 방해가 된다고 생각하는 사람이 여전히 많다는 의미다. 그보다는 "어떻게 하면 사회적 가치를 지키고 지속가능성을 추구하면서 고객의 신뢰를 얻고 이해관계자와 상생하며 사업적 성공을 일굴 것인가?" 하는 것이 가장 중요한 질문이다.

내가 더바디샵과 같은 기업과 아니타 로딕의 리더십을 높게 평가하는 이유는 처음부터 사회적 가치와 명분을 기업 경영과 제품 및 서비스에 결합시키려고 노력함으로써 브랜드 가치를 높이고 시장에서의 영향력을 확대하며 전 세계 50개국 이상에서 성공적인 비즈니스를 30년 이상 유지하는 기업으로 만들어냈다는 점이다.

경제, 사회, 환경이라는 지속가능성의 3대 축 개념을 만든 존 엘킹턴은 비즈니스와 지속가능성을 바라보는 가장 본질적인 생각의 혁신이 필요한 시점임을 강조하면서 사회적, 환경적 책임과 가치를 통해 경제적 가치를 창출할 수 있는 적극적인 형태의 리더십과 비즈니스 모델로의 전환이 핵심이라고 말한다.

이해관계자 자본주의

한발 더 나아가, 지난 2020년 다보스 포럼에서는 '결속력 있고 지속 가능한 이해관계자들'을 핵심 주제로 이해관계자 자본주의의 확장과 실천을 강조하였다. 그러면서 지속가능성의 3대 기본 축인 경제, 사회, 환경 중에서 경제 즉, 이익profit을 진보progress로 변환할 것을 촉구했다. 그동안 자본주의의 핵심으로 여겨왔던 주주 가치 중심주의의 종말을 선언하고 이해관계자 중심주의로 전환하는 것이 미래 자본주의 핵심이 될 것이라는 말이다. 이는 혁신적으로 들리지만 당연한 이야기다. 20여 년 전에 내가 한국에 처음 지속가능경영을 도입하고 CSR을 전파할 때도 이해관계자 중심의 상생 경영을 강조했고 과정 중심의 통합 경영을 핵심으로 강의하면서 컨설팅을 진행했다. 그동안 많은 기업이 CSR은 사회공헌이며, 이해관계자 상생은 돈 많이 벌고 난 이후에 고민할 만한 배부른 소리이고, 비즈니스 프로세스의 지속가능한 변화와 통합은 아직 먼 얘기라고 치부했다.

이해관계자 자본주의라고 해서 수익을 추구하지 않거나 주주 가치를 무시하는 것이 아니다. 임직원, 지역사회, 협력 회사를 포함한 다양한 이해관계자와 상생 구조를 만들어가면서 장기적인 시각으로 수익을 창출하고 주주 가치를 높이자는 이야기다. 이러한 생각의 변화가 투자자에게는 왜 없겠는가? 사회, 환경, 윤리적 가치를 저버린 채 단기 수익 극대화를 추구했던 기업들이 결국은 오래가지 못하고 고객의 외면과 법의 심판 아래 무너지면서 막대한 금전적 피해를 입은 사례가 한두 건이 아니다. ESG 투자가 전 세계적으로 확산되면서, 투자자들이 기업의 지속가능한 경영과 이해관계자 상생을 추구하고 장기적인 시각으로 수익을 창출할 수 있도록 기업에 강력히 요구하는 이유 또한 쉽게 이해할 수 있다.

스포츠용품 기업인 나이키는 1996년에 〈라이프〉에 파키스탄 어린이가 시간당 6센트의 급여를 받고 나이키 축구공을 만드는 일을 한다는 보도가 나간 후, 아동 노동 문제가 전 세계로 퍼져나가면서 5년 이상 불매운동에 시달렸으며, 한때 주가도 90% 가까이 추락했다. 이로 인해 수많은 투자자가 손실을 보고 사회적, 환경적, 윤리적 이슈가 통합적으로 잘 관리되어야 다양한 리스크를 예방하고 이해관계자 상생 가치를 만들어낼 수 있다는 세계적 공감대를 이뤘다.

지속가능한 기업 활동이란 돈을 벌고 성과를 창출하는 과정에서 이해관계자와의 상생을 통해 사회적 가치와 책임을 다하며 다양한 사회적, 환경적 문제를 해결하는 데 기여할 수 있는 경영 방식을 말한다. 이러한 노력을 아끼지 않는 기업은 기업 활동에 부정적인 영향을 미치는 다양한 리스크를 줄이거나 예방할 수 있다. 지속가능 경영을 하는 기업이 그렇지 못한 기업에 비해 수익도 좋고 지속가능하다는 것은 놀라운 일이 아니다.

다시 말하면, 사회적, 환경적 책임을 다하려고 노력하거나 사회문제를 해결하는 데 기여하기는커녕 오히려 윤리, 인권, 노동, 안전, 환경 등 다양한 문제를 일으키는 기업들은 이제 더 이상 수익을 창출하기도 어렵고 지속가능한 기업 활동에 치명적인 영향을 주는 시대가 되었다. 이렇게 윤리적으로 소비하고 사회적, 환경적 가치가 담긴 제품을 구매하려는 세대의 등장은 또 다른 뉴노멀이 될 것이다.

2019년 모건스탠리의 조사에 따르면 미국 투자자의 약 90%가 개인적 가치가 투자에 반영되기를 기대하고 있으며, 86%의 투자자는 ESG를 잘하는 기업의 수익률이 더 높을 것이라는 믿음을 가지고 있다는 통계를 발표하였다. 이들은 공통적으로 기후변화 대응, 플라스틱 사용 저감, 다양성 강화, 지역사회 문제 해결 등이 지속가능성의 중요한 이슈라고 여긴다. 2020년 기업 평가 기관 MSCI의 조사에 따르면, 2007~2020년 말까지 기업의 수익률을 추적 조사한 결과 ESG를 잘하는 기업들의 수익률이 다른 기업에 비해 평균 10% 이상 높다는 것을 확인하였다.

미래 세상을 그린 SF 영화를 보면 국가보다도 강력한 권력을 가지고 세상을 지배하는 거대 기업이 나오는데, 어떤 면에서는 그렇게 되어가는 것 같아 걱정된다는 사람들이 많다. 그러나 나는 그렇게 생각하지 않는다. 지속가능한 라이프 스타일이 뉴노멀이 되고 가치와 책임으로 소비하는 세대가 성장하면서 기업도 지속가능한 방향으로 비즈니스 모델을 전환하려는 노력을 기울이게 될 것이다. 그 과정에서 염두에 두어야 할 것은 작은 것이라도 시도하는 기업의 노력을 인정하고 응원해주어야 한다는 점이다. 잘못을 먼저 탓하기보다는, 잘한 것을 칭찬하고 더 잘할 수 있도록 실질적인 방법을 제시하거나 행동으로 보여주어야 할 것이다.

다양한 기업을 컨설팅하고 자문하고 교육하면서 지속가능한 기업에는 어떤 공통적인 특징이 있는지 연구해왔는데, 아래와 같이 5가지로 정리해볼 수 있다.

1. 장인정신을 기반으로 품질과 고객 만족 등 기업 본연의 활동에 대한 고집과 철학
2. 임직원들이 자부심을 가지고 일하며 협력적 조직 문화 구축
3. 고객, 협력 회사와 지역사회를 비롯한 이해관계자와의 상생과 신뢰를 고려
4. 내부적 불합리 요소, 관행, 비용 구조 등의 개선과 안전-환경 등 리스크의 예방과 관리
5. 준법, 투명성, 기업 윤리, 인권 등 기본에 충실하고 사회적 요구와 변화에 대한 애정과 관심이 높음

자속가능한 기업 활동을 생각할 때 간과하는 것이 기업 본연의 활동과 사회적, 환경적 가치를 창조하려는 활동이 서로 결합되어야 한

다는 점이다. 이제는 좋은 물건을 만들어서 많이 팔거나, 사회공헌 열심히 한다고 지속가능한 것이 아니다. 돈을 버는 모든 과정에 사회적 책임과 지속가능성을 녹여내야 하고, 장인정신으로 우수한 제품과 서비스를 만들어내며, 이해관계자와 상생하는 노력을 통해서만 리스크를 줄이고 지속가능한 경쟁력을 쌓을 수 있다.

윤리, 준법, 투명 경영을 잘하면 주가가 올라가고 매출이 증대될 것이라고들 한다. 법을 잘 지키고 윤리적으로 기업 활동을 한다고 해서 매출이 증대될까? 그렇지 않다. 법을 잘 지키고, 윤리적으로 경영하고, 투명성을 유지하는 등 기본을 지키는 것은 너무나 당연하기 때문이다. 당연히 해야 할 일을 했다고 더 칭찬받지는 않는다. 만약 그 당연한 것을 지키지 않으면 조직이 한 방에 무너질 수 있다. 윤리 경영과 사회책임 경영을 하면 혜택이 돌아오기 때문이 아니라 당연히 해야 하는 것이기 때문에 하는 것이다. 다만 그것을 지키지 못했을 때 지속가능성에 치명적인 영향을 미치게 된다는 사실을 잊으면 안 된다.

CSR과 사회공헌

기업은 풍요로운 삶을 가능하게 만드는 주역이다. 누구나 하나 이상의 기업과 연계 고리를 가지고 살아가며, 대부분이 어떤 조직의 구성원으로서 일한다. 기업이 없다면 지금의 기술 개발, 일자리, 각종 서비스와 솔루션도 없었을 것이다. 그런데 오랫동안 풍요로움을 만들기 위해 많은 희생과 피해가 뒤따랐다. 환경이 파괴되고 자원이 고갈되었으며 기후변화가 심해지고 노동문제, 인권 문제, 소득 불균형과 차별, 갑을 관계, 부정부패 등과 같은 사회문제도 극심해졌다.

CSR은 지속가능한 풍요로움을 위해 지금 해결하고 관심 가져야 할 문제들을 기업 경영과 비즈니스에 적용하는 마지막 기회인지도 모른다. 기업을 지속가능성의 적으로 여기기보다는 그들이 지속가능한 방법으로 돈을 벌고 일자리를 창출하고 사회적, 환경적으로 더 많은 기술과 가치를 창조할 수 있도록 방향을 제시해주어야 한다.

사회를 구성하는 시민들이 지켜야 할 의무와 책임이 있듯이, 기업 또한 반드시 지켜야 할 의무와 책임이 있다. 법과 윤리적 가치를 준수하고 협력 회사와의 상생을 추구하며 좋은 원재료와 기술 개발로 품질과 안전을 높이고 인권 및 노동권을 보호하는 가운데 조직원의 역량과 행복을 강화해야 한다. 환경을 보호하고 다음 세대를 위해 지속가능성을 고려해야 하는 한편, 지역사회의 문제를 해결하거나 나눔을 통해 자선적 책임을 실천하는 사회공헌 활동에도 많은 노력을 기울여야 한다.

이렇게 기업 활동에 요구되는 총체적인 책임성 강화 노력을 기업의 사회적 책임Corporate Social Responsibility, CSR이라고 한다. CSR은 기업의 지속가능성에 직접적인 영향을 미치는 핵심 요건으로 인식된다. 글로벌 비즈니스를 전개할 때 CSR은 필수적인 항목이 되었으며, 아무리

우수한 품질의 제품을 싼 가격에 공급해도 제조 과정에서 안전사고가 발생하거나 협력 회사에서 노동자의 인권이 침해되거나 환경문제를 야기하거나 지역사회와의 상생을 고려하지 못하면 지속가능한 기업으로의 발전은 불가능하다.

그런데 CSR이 최근 특징적 변화의 트렌드를 보여주고 있다. 대표적인 오일 기업인 쉘은 최근 스카이 시나리오Sky scenario라는 중장기 계획을 발표하면서 기후변화 등 사회문제에 대응하기 위해 단계적으로 화석연료 사업에서 손을 떼고 지속가능한 비즈니스를 전개하겠다고 선언하였다. 다국적 주류 회사인 디아지오는 오랫동안 운영해오던 사회복지 재단을 2017년에 직접 폐쇄하였는데, 단순 기부나 봉사 차원의 지원이 사회문제를 실질적으로 해결하는 데 한계가 있다고 판단했기 때문이다. 이들은 앞으로 우수한 유기농 원재료 공급망을 확보하기 위해 생산자 역량 강화 및 글로벌 지역사회 문제 해결에 집중 투자하고 제조 공정에서의 환경 부하를 최소화하며 사회책임 마케팅을 통해 사회 인식 변화에 기여하겠다는 계획이다. 즉, 사업 모델과 비즈니스 프로세스에 CSR을 통합하고 조직과 사업의 특성에 맞는 활동을 통해 보여주기식이 아닌 실질적인 CSR 효과와 임팩트를 강화해가겠다는 것이다.

CSR은 번 돈을 어떻게 쓸 것인가의 문제가 아니라, 어떻게 돈을 벌 것인가의 문제다. 이렇게 좋은 방법으로 사회에 환원하고 사회문제 해결에 기여하는 것이 기업의 사회공헌 활동이다.

기업의 사회공헌 활동에서 가장 두드러지는 트렌드의 변화는 지역 사회 문제 해결에 집중하는 것이다. 몇 년 전까지만 해도 전국 단위의 사회공헌 사업을 기획하여 브랜딩하거나, 임직원 봉사 프로그램을 통해 지역의 소외계층을 지원하는 등 주로 사회복지 영역의 기부형 사회공헌이 주류를 이루었다. 그러나 지금은 지역사회가 가지는 특성과 한계를 고려하여 문제를 도출하고 지역의 자원과 최대한 결합하여 실질적 문제의 솔루션을 제시한다는 점이 가장 특징적인 변화다. 즉, 기존의 기업 사회공헌이 도움이 필요한 사람들을 위해 물고기를 잡아 제공하는 방식이라면, 지금은 물고기를 잡을 수 있는 방법(솔루션)을 제시해주거나 실질적 인프라를 구축하도록 도움을 주는 방식이라고 할 수 있다. 이는 글로벌 사회공헌에도 그대로 적용되며, 국내 기업뿐만 아니라 해외 기업에서 더욱 적극적으로 활용되고 있다.

현대오일뱅크가 전개한 글로벌 사회공헌 활동인 베트남 하노이 어린이문화도서관 건립 사업은 어린이를 위한 문화 시설과 안전한 복합 시설이 부족한 현지 지역사회 문제에 대한 실질적인 솔루션을 제시해주고 이를 기반으로 자체적인 발전이 가능한 인프라를 구축하는 데 도움을 주었다는 점에서 글로벌 사회공헌의 바람직한 방향을 제시했다고 평가할 수 있다.

코웨이는 열악한 수질 환경과 심각한 식수난을 겪고 있는 캄보디아 전역을 대상으로 지난 10년간 꾸준히 1,000개의 우물을 팠고, 현지 지역 조사를 통해 상수도 혜택을 받지 못하는 지역에 정수 시설을 설

밀도 있는 삶을 위한 인문학

치하여 각종 수인성 전염병을 예방했다. 또한 정수 시설을 통해 운영되는 식수 사업은 지역 공동체의 사회적 사업으로 발전시켜 지속적인 수익을 발생시킴으로써 현지 지역 주민의 자립을 돕고 있다.

기아자동차는 그린라이트라는 글로벌 사회공헌 사업을 통해 탄자니아의 나카상궤 지역의 열악한 교육 인프라를 개선하는 솔루션을 제시한다. 특히, 모빌리티 사업을 통해 스쿨버스 3대를 지원하여 먼 거리에서 통학해야 하는 학생들의 문제를 해결하고 교복 및 의류 제작 기술을 전수하여 소득을 올릴 수 있게끔 하는 등 긍정적 영향을 확대하고 있다.

그러나 단순한 기부나 일회성 봉사활동은 사회문제를 근본적으로 해소하는 데 한계가 있다. 게다가 보여주기식 사회공헌이 통하지 않는 시대가 되었다. 사회공헌을 통해 기업의 어두운 면을 감추고 이미지를 세탁하려는 생각 또한 버려야 한다. 괄목할 만한 성과를 보여주는 기업 사회공헌 활동을 살펴보면, 현지 지역을 면밀하게 분석하여 지역 특성을 반영한 사회문제를 도출하는 데 노력을 기울인다. 그래야 실효성 있고 지속가능한 문제 해결 프로그램을 만들 수 있고, 타당성이 높은 솔루션으로 그 지역의 다양한 협업을 이끌어낼 수 있다.

이처럼 지역사회의 문제를 해결하는 데 집중하는 사회공헌 활동은 코로나 시대에 더욱 빛을 발한다. 이는 기업과 현지 주민 간에 지속적으로 접점을 창출하고 제품, 서비스, 사업 모델, 인프라 등 비즈니스 경험을 제공할 수 있다는 장점이 있다. 뿐만 아니라, 지역 정부 및 주민들과의 신뢰 관계를 구축함으로써 새로운 비즈니스 기회를 확대할 수 있고, 충성도 높은 잠재 고객을 확보할 수 있는 중요한 기회를 제공한다. 지역사회와의 상생을 통해 존경받는 브랜드 이미지를 구축하는 것은 물론 지속가능한 사업 경쟁력까지 강화할 수 있으므로, 사회공헌은 어떻게 잘할 것인지 고민해야 한다.

가장 존경하는 브랜드,
파버카스텔

· · ·

지난 몇 년 사이에 가장 많이 의뢰받는 강의 주제 중의 하나가 바로 퍼스널 브랜딩이다. 이는 자신의 핵심 가치를 찾고 가치가 이끄는 지속가능한 일과 삶을 만들어가는 구체적인 방법을 찾는 과정이다. 퍼스널 브랜딩이라면 자신을 어떻게 꾸며서 남들에게 어떻게 보일 것인지가 중요하다고 여기는 사람이 많은데, 자기 자신을 정확히 파악하여 가장 중요하게 생각하는 가치를 찾고 이를 긍정적인 방법으로 일상에 반영하려 노력해야 누구나 공감할 만한 브랜드를 만들 수 있다.

정직하고 긍정적 에너지를 발산하며 언행일치하는 사람을 신뢰하고 무슨 일이든 같이 하고 싶어 하듯, 기업도 마찬가지다. 요즘 웬만한 기업의 웹사이트를 살펴보면 사회적 가치나 책임, 진정성과 지속가능성을 그럴듯하게 보여주는데, 비즈니스 모델과 제품을 만드는 프로세스에 그러한 가치가 적용되고 실천되고 있는지 파악해보면 그렇지 않은 경우가 많다. 이런 브랜드는 자연스럽게 잊혀지게 된다.

퍼스널 브랜딩 강의에서 나는 수강생들에게 "가장 존경하는 브랜드는 무엇이고, 가장 존경하는 사람은 누구입니까?"라고 질문한다. 그런데 의외로 답하기를 어려워하는 사람이 많다. 매일같이 수십 수백 개에 이르는 브랜드나 사람과 마주하는데, 이 시대가 필요로 하는 진정성과 긍정성을 담은 퍼스널 브랜드를 구축하기 위해 할 수 있는 가장 쉬운 연습이 브랜드를 신중히 살펴보고 브랜드가 구축된 과정을 곱씹어보는 것이다. 이런 과정이 반복되다 보면 자신이 어떤 가치로 브랜드를 선택하고 소비 생활을 하는지 알 수 있고, 자신만의 퍼스널 브랜드를 만들어가기 위해 무엇을 해야 하는지 배울 수 있는 기회가 되기도 한다. 크든 작든 다른 사람이 일구어놓은 것을 인정하고 배우려고 할 때 브랜드는 자연스럽게 성장한다.

자신의 브랜드와 제품에 관심을 가지고 그 안에 담긴 노력과 가치와 차이점을 들여다봐주기를 바라면서도 정작 다른 브랜드나 제품에는 관심이 없는 경우가 많다. 다른 사람과 그들이 일구어놓은 브랜드에 관심을 기울이고 인정할 때 비로소 그 관심과 인정이 나에게로 돌아온다.

기업에서 일을 하다 보면 비슷한 제품이나 서비스를 제공하는 경쟁사를 만나곤 하는데, 그럴 경우 깊이 들여다보는 대신 "우리 것이 더 좋아"라며 가볍게 무시하는 경우를 많이 본다. 내 것이 귀하게 대접받길 원한다면 나도 대접받고 싶은 방식으로 행동해야 한다. 그래서 성경에서도 "그러므로 무엇이든지 남에게 대접을 받고자 하는 대로 너희도 남을 대접하라. 이것이 율법이요 선지자니라"(마태복음 7:12)라고 가르친다.

내가 가장 지속가능한 기업이라고 생각하면서도 가장 존경하는 기업이 있다면, 파버카스텔이다. 반 고흐가 "파버카스텔의 연필은 매우 부드럽고 색감이 좋으며 품질이 우수하다"라는 말을 남길 정도이며, 연필의 왕이라는 별명을 가지고 있다. 파버카스텔의 시작은 1761년으로 거슬러 올라간다. 카스파르 파버Kaspar Faber가 독일 슈타인 지역에서 설립한 세계에서 가장 오래된 필기구 회사로, 처음에는 파버라는 이름으로 시작하여 1898년 오틸리에 폰 파버와 알렉산더 카스텔-뤼덴하우젠이 결혼하면서 회사 이름을 파버카스텔로 변경하였다. 오래되었으면서도 여전히 업계를 선도하는 혁신을 창조하고 있다는 점에서 들여다볼 만한 가치가 있다. 스테들러가 1662년 가내수공업 형태로 연필을 만들기 시작하였으므로 파버카스텔이 현존하는 가장 오래된 연필 제조자는 아니지만, 공식적인 회사의 형태로 설립된 것은 1835년이므로 세계에서 가장 오래된 필기구 회사는 파버카스텔이다.

파버카스텔의 역사는 연필을 포함한 필기구의 역사라고 해도 과언이 아니다. 연필에 대한 다양한 표준뿐만 아니라 연필 규격을 만들기도 했다. 지금 쓰고 있는 연필의 길이, 연필심의 강도, 육각형의 모양 등 현대 연필의 규격을 제시하였고, 필기구를 인생의 동반자로 만든 의미 있는 기업이다. 또한 9대에 걸쳐 가족 경영을 이어오면서 직원과 고객에게 변함없이 존경받고 신뢰받고 있다. 파버카스텔의 창업 정신은 "평범한 것을 아주 특별하고 비범하게 만들자"였다고 하는데, 그 정신을 현대적으로 계승 발전시켜 연필을 명품으로 만든 것이다.

파버카스텔의 비전은 "자신을 표현하고 창조적 잠재력을 발산하도록 도와주는 기업이 되는 것We unleash creative potential"이라고 한다. 많은 기업에서 언제까지 매출 목표를 달성하고 얼마나 성장할지에 집중하는데, 매출에 매몰되는 순간 방향성을 잃어버리고 잘못된 의사결정을 하고 무리한 투자를 하거나 실수를 저지르게 된다. 기업이 존속하는 한 반드시 지키고 발전시켜야 할 명확한 방향성을 유지하면서 그에 걸맞은 매출과 성장 계획을 잡는 것이 중요하다.

특히, 4대 회장인 로타 폰 파버Lotahr von Faber는 지금의 기틀을 마련한 리더로 인정받는다. 그는 회사의 비전을 적극적으로 공유하고 교육에 투자하여 모든 직원이 같은 방향을 바라보고 일할 수 있도록 노력했으며 "직원이 행복해야 좋은 연필을 만든다"라는 철학으로 직원들의 행복을 위해 혁신적인 시도를 아끼지 않았다. 1844년부터 사내 건강보험제도를 운영하였고, 1851년부터는 독일 최초로 사내 유치원을 설립하여 맞벌이하는 직원들을 지원하였으며, 1890년부터는 집이 먼 직원들을 위해 독일 최초로 직원 사택을 운영했다. 지금도 직원들은 카스텔 성에서 자유롭게 점심을 먹는다. 자식들도 이 회사를 다녔으면 좋겠다고 자부심을 드러내거나, 파버카스텔에서 일하며 늙어가고 싶다고 말하는 직원들이 많은 것은 어찌 보면 당연한 결과다.

모든 물건에는 만든 사람의 에너지와 기운이 담겨 있다고 나는 믿는다. 행복한 상태에서 만든 물건은 그 물건을 사서 쓰는 사람에게도 그 행복이 전달될 것이다. 내 아내는 '향기작가®'로 활동하고 있는데, 자연의 에너지를 고스란히 간직한 천연 에센셜 오일만으로 향기를 만들고 그 향에 긍정적 가치를 불어넣는다. 아내는 행복하고 긍정적인 에너지가 향에 담길 수 있도록 정신적, 신체적 컨디션이 최상이고 행복할 때 작업을 한다. 이와 마찬가지로, 많이 파는 것보다도 하나를 팔더라도 행복과 가치가 담길 수 있도록 노력한다면, 그리고 그 가치를 아는 사람들이 늘어난다면 그 조직은 지속가능한 경쟁력을 가지고 있다고 말할 수 있다.

파버카스텔은 조직의 존재 이유를 '나를 표현하는 도구와 고객 경험의 창조We create customer experiences that inspire self-expression'라고 정리한다. 파버카스텔의 제품을 통해 자신을 표현하도록 영감을 주는 고객 경험을 창조하는 것이 궁극적으로 회사가 존재하는 목적이며, 자신을 표현하는 경험을 통해 창조적 잠재력을 발산하도록 하는 것이 추구하는 방향인 것이다.

파버카스텔은 특별한 핵심 가치를 가지고 있다. 그런데 많은 사람들이 조직의 핵심 가치를 어떻게 만들고 활용해야 하는지 이해하지 못한다. 핵심 가치는 조직이 일하는 방식과 과정에서 반드시 고려하고 지켜야 할 구체적인 기준을 제시한다. 기업을 방문하고 분석하고 직원들을 만나보면, 자신이 일하는 기업의 핵심 가치를 제대로 알고 있는 직원이 별로 없다. 이는 좋은 말, 멋진 말을 나열해놓았지만 기업 경영 현장과 일상 업무 그리고 의사결정 프로세스에서 활용되거나 구현되고 있지 못하다는 반증이다. 파버카스텔의 핵심 가치는 기업가 정신과 책임, 품질과 지속가능성, 오픈마인드로, 모든 직원이 맡은 바 업무를 수행하는 데 핵심 가치를 적용하고 실천하고 있다.

이러한 노력으로 파버카스텔은 매년 23억 개 이상의 연필을 생산하고 120개국 이상의 나라에서 판매하고 있다. 그런데 23억 개에 달하는 연필을 생산하려면 도대체 얼마나 많은 나무를 베고 가공해야 할까? 이것이 지속가능성에 부정적인 영향을 미치지 않을까 의문을 가지는 사람도 있을 것이다.

파버카스텔은 매년 30만 그루 이상의 나무를 심고 기르는데, 매 시간 20평방미터에 달하는 나무를 심고 있는 셈이다. 직접 심어 기른 나무로 제품을 만드는 것은 장기적인 시각에서 놀라운 시도인데, 이를 실질적으로 가능하게 했다는 것은 지속가능성을 얼마나 중대하게 바라보고 돈을 버는 과정에 적극적으로 반영하고 있는지 확인하게 해준다. CSR과 지속가능경영은 파버카스텔의 사례처럼 기업의 비즈니스 모델, 업무 프로세스, 비용 절감, 이해관계자 신뢰 구축 등 경영 전반에 녹아들어 실천될 때 기업의 성장에 시너지를 발생시키면서 사회적으로도 더 큰 임팩트를 창출할 수 있다. 그리고 개인은 말뿐인 기업이나 잘못을 덮으려고 사회공헌이나 환경을 강조하는 기업처럼 지속가능 경영을 이미지 세탁의 용도로 활용하는 기업을 구별해낼 줄 아는 눈을 갖추는 것 또한 지속가능한 라이프 스타일의 중요한 요소다.

경제적, 사회적, 환경적으로 더 큰 반향을 일으킬 수 있는 기업과 브랜드를 적극적으로 찾고 소비하기를 바란다.

1. 만드는(일하는) 사람이 행복한 브랜드
2. 건강하고 건전한 비즈니스 방식을 실천하는 브랜드
3. 친환경, 지속가능성에 기여하는 브랜드
4. 공감과 지지를 이끌어낼 수 있는 나만의 가치를 제시하는 브랜드
5. 윤리적으로 믿을 만한 제품을 만들고 합리적인 가격을 제시하는 브랜드
6. 세계시민의식을 가지고 사회적 책임과 사회문제 해결에 기여하는 브랜드

이렇게 진정성을 가지고 묵묵히 노력하는 기업이 성공하고 유명해지기를 바란다. 그런 모습을 보고 다음 세대가 배우게 되면 건강하고 바른 사회를 만들 수 있을 것이다.

나는 20대부터 사업을 하면서 많은 사람을 만났는데, 어떻게 해야 이 사회에서 성공할 수 있는지 많은 조언을 들었다. 그런데 이 사회를 이끌어가는 기성세대라고 하기에는 부끄러운 말도 많았다. 편법과 불법을 조장하거나, 내실을 기하기보다는 겉으로 보여주는 것이 중요하

다거나, 적당히 대충 하라는 식이다. 말하자면 내용과 과정이 어떻든 돈만 잘 벌면 된다는 뜻이었다. 그러나 이러한 방식으로 성공을 이룬 사람을 보지 못했다. 돈은 조금 더 벌 수 있을지 몰라도 중요한 것을 놓치거나, 가치와 신념을 버리는 상황이 벌어지는 것이다. 기업 활동도 마찬가지여서, 어떤 과정을 통해 돈을 버는가에 따라 완전히 달라질 수 있다. 코로나로 가치관이 바뀌고 무엇이 중요한지 깨닫는 사람이 많아지면서 가치 있는 기업 활동을 지지하는 트렌드는 또 하나의 뉴노멀이 될 것이다.

파버카스텔의 지속가능한 성공 비결을 살펴보면 다음과 같다. 첫째, 8,000명에 달하는 직원 하나하나를 최고의 파트너로 보고 같은 방향을 향해 일할 수 있도록 명확한 가치를 제시한다. 둘째, 품질과 장인정신을 강조하면서 평범한 것을 비범하고 가치 있는 것으로 만들고자 노력한다. 셋째, 비전을 달성하기 위해 고객의 창조적 영감과 잠재력을 일깨우는 다양한 시도를 한다. 자신을 표현하는 다양한 방법을 알려주는 파버카스텔 아카데미부터 연필 패션쇼에 이르기까지, 고객의 입장에서 생각하여 경험을 제공하고 그에 따른 피드백을 반영하여 제품 혁신으로 연계함으로써 고객의 신뢰를 쌓아가고 있다. 넷째, 책임경영을 기반으로 존경받는 가족 경영 체계를 구축했다.

책임 리더십의 시대

· · ·

지속가능성의 시대에 큰 변화와 혁신이 필요한 것이 있다면 바로 리더십이다. 카리스마로 대변되던 것이 과거의 리더십 스타일이라면, 이제는 소통과 공감이라는 키워드가 등장하면서 또 다른 리더의 자질이 요구되고 있다. 말과 행동에 책임을 지고 결과와 함께 과정도 중요하게 바라보며 소통과 공감을 실천하고 지속가능한 가치를 조직과 조직원에게 심어주는 리더십을 책임 리더십이라고 한다. 이렇듯 요즘 리더는 알아야 할 것도 많고 실천해야 할 것은 더 많다. 이제는 누구나 지속가능한 라이프 스타일을 실천함으로써 책임 리더십을 발휘해야 할 때다.

지속가능하다고 해서 나의 삶과 건강과 우수한 사업 성과의 지속이 목적은 아니다. 이는 치열한 경쟁 속에서 무차별적으로 더 잘 살아남고 무리한 방법을 써서라도 성과를 내는 기존의 방식과 다르지 않다. 진정한 지속가능성의 핵심은 더 나은 사회와 환경을 위해 옳은 방식으로 공존과 상생에 기여하는, 같이 더불어 잘 살 수 있는 방법을 모색하는 것이다. 삶과 삶의 방식, 일하는 방식과 과정이 그렇다면 그 가치는 지속가능하게 남아 많은 사람에게 울림을 줄 것이다. 그런 과정을 거쳐 성공하고 오래 유지할 수 있다면 지속가능성의 영향력이 커지므로, 진정성을 가지고 윤리적으로 노력하는 사람들이 상업적으로도 성공할 수 있는 환경과 소비문화를 만드는 것이 지속가능한 사회를 만드는 중요한 요건이 된다. 그러면 다음 세대는 성공의 기본 여건으로 지속가능성을 떠올리고 어떻게 실천할 수 있을지 고민할 것이다.

7장
·
지속가능한
마음의 평화

정서적 응급처치가 필요한 시기

. . .

피부에 뾰루지가 나거나 감기 증상이 드러나면 약을 바르거나 병원을 찾을 것이다. 그런데 마음이 아플 때는 어떻게 하는가? 상실감과 우울감이 찾아오고 패배감과 죄책감이 엄습해 잠을 자거나 먹을 수도 없을 때, 아무것도 할 수 없는 자신의 미약함으로 정신적 고통이 밀려올 때에는 어떤 식으로 대응해야 할까?

미국의 심리학자 가이 윈치Guy Winch는 대부분의 사람들이 정서적 응급 상황이나 심리적 건강 문제를 스스로 해결하려고 한다고 지적한다. 마음과 정신보다는 몸의 증상에 치중한다는 것이다. 육체적 건강이 심리적 건강보다 중요하다고 확신할 수는 없다. 현대 사회에서 신체적 부상보다 더 많은 심리적 부상을 견디며 하루하루 살아야 한다고 가이 윈치 박사는 진단한다. 하루에도 몇 번씩 겪는 실패, 거절, 망설임, 외로움 등 헤아릴 수 없는 수많은 감정적, 심리적 상처를 그대로 두면 몸은 물론 삶과 인생 전체에 영향을 미칠 수 있다.

정서적, 심리적, 정신적 건강 문제는 다른 사람과 공유하는 단계부터 벽에 부딪히는 경우가 많다. 몸이 아플 때 병원에 가고 약을 먹고 치료하는 것은 공감하는 한편, 마음이 아프고 고통스러워하면 의지가 약하다거나, 잊어버리라거나, 누구나 다 그렇게 산다는 둥 무책임한 말로 위로하거나 조언한다.

고령화와 100세 시대는 인류에게 닥친 또 하나의 숙제다. 성공을 추구하고 빠르게 발전하느라 마음이 하는 소리에 귀 기울이지 못하고 감정적 상처를 해소하거나 회복하는 교육을 받거나 연습조차 못했기에, 정신적 건강을 돌보는 것 또한 중요하다. 더구나 코로나로 인한 상실과 새로운 사회관계 맺기 방식은 심리적 불확실성과 감정적 불편함을 주고 있다.

지속가능한 삶을 살기 위해서는 몸의 건강만큼이나 정신적, 정서적 건강을 중요하게 여기고 적극적으로 공감하고 치유하는 연습이 필요하다. 문제는 사회생활을 하다 보면 어쩔 수 없이 내 마음의 소리와는 다른 행동을 해야 할 때가 많다는 것이다. 그럴 때 정서적 응급처치를 할 수 있으면 좋다. 감정을 마구 드러내는 것과 마음을 다스리고 정서적 충만함을 이루는 것은 다르다. 마음의 평화를 얻으려고 노력하고 감정의 상처를 치유하기 위해 전문가를 찾는 것이 배부른 고민이라는 생각을 버려야 한다. 빠르게 변화하는 사회 속에서 정신적, 감정적 상처는 더욱 잦아질 것이므로, 서로 마음을 헤아리려는 노력이 습관화된다면 정서적 상처의 깊이도 얕아질 것이며 정서적 상생도 가능하다. 그동안 지속가능한 발전을 논하면서 간과해왔던 또 하나의 영역이 정서적, 감정적, 정신적 공감과 상생에 대한 것이다.

소방관이나 비행기 조종사, 군인, 경찰 등 특수한 직업을 가진 사람들은 다른 사람에 비해 정신적 충격이나 트라우마를 겪을 확률이 훨씬 높다. 그런데 심리 상태나 정신적 스트레스 등으로 인해 정신과 진료를 받게 되면 인사상의 불이익이나 왜곡된 시각을 견뎌야 한다. 지금은 정신 건강에 대한 제도적 보완이나 사회 인식의 개선이 많이 이루어진 상황이지만, 여전히 아픈 마음을 안고 오롯이 견뎌내는 사람들 또한 많은 것이 사실이다. 이제는 적극적으로 심리 상태나 정서를 관리하고 마음의 평화를 찾으려고 노력해야 한다.

'공감'도 능력이다

· · ·

최근 '공감 능력'이라는 말이 쓰이곤 한다. 누군가의 상황에 공감하고 정서적 이해를 확립하는 것 자체가 능력이자 리더십의 한 덕목으로 발전한 것이다. 공감 능력은 다른 사람의 입장에서 생각해보거나 마음을 열어 있는 그대로 받아들이는 것으로 확장된다. 즉, 머리로 이해하는 것과 마음으로 이해하는 것의 균형과 적절한 상호 작용이 중요하다. 주변에 사람도 많고 인기가 많아서 겉보기에는 아무 문제도 없지만, 마음속에 있는 고민이나 정서적 교감을 나눌 사람이 없다며 고통을 호소하는 사람들이 점점 많아지는 것을 보면, 지속가능한 삶을 위해 정서적 공감과 치유가 얼마나 중요한지 알 수 있다.

사회적, 환경적 문제를 바라보는 시각 또한 마찬가지다. 환경오염과 지구 온난화, 산업화에 따른 각종 문제, 양극화와 일자리 등을 포함한 각종 사회문제의 심각성에 대해 공감하지 못하는 사람은 별로 없을 것이다. 그런데 머리로 이해한다고 행동으로 이어지는 것은 아니다. 가슴에 울림이 있고 교감할 때 비로소 강력한 실행력이 뒷받침된다. 일회용 플라스틱 쓰레기가 넘쳐나 대재앙이 될 것이라는 기사가 쏟아져 나오지만, 실제 일회용품 수거 및 처리 시설에 가보고 현실을 직시하고 나서야 일회용 플라스틱을 쓰지 말아야겠다는 절실한 마음이 생긴다. 저소득 국가나 난민의 기아 문제를 해결하거나 개발과 환경오염으로 살 곳을 잃어가는 동물들을 보호하기 위해 고통의 규모를 보여주는 수치적 데이터와 함께 감성을 자극하는 내용을 담아 광고를 만드는 것도 그 이유 때문이다.

날로 발전하는 기술과 인공지능으로 삶이 변해가고 있다. 최근에 지방 강연이 있어 출장을 갔는데, 군 단위의 시골 마을 식당에 인공지능 로봇이 서빙을 하고 있었다. 주문을 하면 정해진 테이블로 로봇이 음식을 가져다주었는데, 신기하면서도 쓸쓸함이 느껴지는 순간이었다. 녹음된 성우의 목소리로 인사말을 건네는 로봇에게 정서적 교감은 없었다.

이제는 지식보다는 공감과 애정과 경험에 기반을 둔 지혜가 필요하다. 감정적, 정서적 교감과 공감 능력은 인간이 아니고서는 대체하기 힘든 능력이다. 그리고 경제, 사회, 환경의 다양한 문제를 해결하고 더불어 잘 살아가는 상생의 솔루션에는 공감 능력이 필수적이다.

마음과 몸은 하나다

· · ·

지속가능하다는 것은 환경 보호만을 가리키지 않는다. 모든 사람과 함께 성장하는 경제적 진보, 상식이 통하는 행복한 사회를 만드는 통합적 노력을 기울일 때 가능하다. 모든 개념은 서로 유기적 연계성을 가지고 있으며 삶에 직간접적으로 영향을 미친다. 정서적, 정신적 건강 또한 같은 방식으로 작동한다.

예를 들어, 외로움과 우울감은 식욕을 떨어뜨리고 혈압을 상승하게 하며 면역력을 약화시켜 다른 질병에 취약하게 만든다. 연구에 따르면, 만성적인 고독감은 조기 사망률을 14%나 높인다고 한다. 이는 알코올 중독이나 흡연에 비견할 만한 수치다. 심각한 경우 자살에 이를 수도 있다. 몸에 심각한 질병이 생기면 가치를 발휘할 수 있는 기회가 줄어들고 사회적 관계가 약화되며 심리적 고독감과 우울감을 느끼고 감정적으로도 쉽게 상처받는다. 결국, 몸과 마음은 하나이므로 지속 가능한 삶을 살아가기 위해 몸과 마음의 건강이 모두 중요하다는 것을 이해해야 한다.

경제적 지속가능성을 설명하다 보면 정서적, 정신적 건강과 많이 닮아 있다는 생각이 든다. 경제 규모는 유례없이 커졌고 풍족해 보이지만 사회적, 환경적 가치를 고려하지 못해서 생긴 다양한 불균형과 차별, 기후변화, 자원 고갈과 같은 문제는 우리 모두를 위협에 빠뜨리는 결과를 초래하고 있다. 이는 매년 건강 검진을 받고 매일 영양제를 챙기고 운동하면서 겉으로는 어느 시대보다 건장한 체구를 가지게 되었지만, 마음의 평화와 정서적 치유에는 충분히 관심을 기울이지 못해 결국 건강과 삶의 불균형을 키워나가고 있다는 점이 닮아 있다. 경제 활동을 하면서 윤리적, 사회적, 환경적 책임을 다하고, 다음 세대를 위해 지속가능한 기술에 투자하는 것은 돈을 버는 일에 건강한 정신과 정서적 교감, 품격을 강화하는 일이라고 할 수 있다. 즉, 영혼을 불어넣는 것이다.

이는 하드웨어와 소프트웨어의 관계와도 같다. 엄청난 스펙의 고가 장비와 컴퓨터 시스템이 잘못된 소프트웨어나 바이러스, 악성코드 등에 맥없이 무너지곤 한다. 반면, 오래된 모바일 기기가 소프트웨어 업그레이드만으로도 전혀 다른 기기로 탈바꿈하기도 한다. 인류가 처한 지속가능성의 위기와 코로나로 인해 무조건적인 확장과 발전의 시대를 마감하면서, 그 대신 몸의 소프트웨어인 정신적, 정서적 장치를 어떻게 유지하고 업그레이드하는 것이 좋을지 고민해야 한다.

가족이나 절친한 친구가 상실감을 느끼고 실패로 인해 정신적 고통을 겪고 있다면 어떻게 해야 할까? 아마도 최선을 다해서 이야기를 들어주고 공감하고 따뜻한 위로를 건네려 노력할 것이다. 마음과 몸이 하나라는 사실을 알고 정신적 건강을 우선순위에 놓았다면 자기 자신에게도 따뜻한 위로와 격려와 용서를 건네는 연습이 필요하다. 특히, 마음의 소리에 귀 기울이고 존중하는 것이야말로 정서적 응급처치의 올바른 시작이다. 마음의 상태를 제대로 알 수 있다면 어떻게 대처할 것인지 현명하게 생각할 수 있다.

애기애타(愛己愛他)

· · ·

도산공원은 강남 한복판에 있는 작지만 아름다운 공원으로, 도산 안창호 선생의 정신과 가치를 기리기 위해 개원했으며 도산 안창호 기념관이 있다. 그중에서 백미는 도산 선생이 일생의 가치로 삼았던 '애기애타'라는 글을 볼 수 있다는 점이다. "나를 사랑하고 남을 사랑하라"라는 의미인데, 인류의 보편적 가치인 사랑을 이보다 간결하고 멋지게 설명한 말이 있을까 싶다.

나 또한 많은 강연에서 이 말을 인용하곤 하는데, 나를 먼저 돌보고 사랑할 수 있어야 다른 사람도 존중하고 사랑할 수 있다는 의미로 해석한다. 바꿔 말하면, 스스로를 존중하고 사랑하지 않으면 결국 다른 사람도 진정으로 존중하고 사랑할 수 없다는 의미다. 나를 사랑하지 않는다는 것은 마음의 소리에 귀 기울일 여력이 없을 가능성이 높다. 그러니 다른 사람의 목소리나 마음에 귀 기울이기는 더욱 어렵다.

금수저가 아니라서, 좋은 대학을 못 나와서, 키가 작고 못생겨서, 몸매가 안 좋아서, 인맥이 없어서, 대기업을 못 다녀서, 성격이 안 좋아서 등등 셀 수 없이 많은 이유로 자신을 사랑하지 않을 핑계를 찾는다. 자기 증오의 화살은 자연스럽게 다른 사람으로 향한다. 그리고 이 세상 누구도 자신을 존중해주지 않는다고 불만을 토로한다.

현대인들의 가장 큰 문제 중 하나는 비교할 만한 허상이 주변에 너무나 많다는 것이다. 인터넷과 SNS, 그 외 수많은 정보는 내가 보고 싶지 않아도 나보다 잘난 사람, 똑똑하고 멋지고 성공한 사람을 끊임없이 보여준다. 정서적 측면에서 이러한 정보는 불만족을 키우는 공격에 가깝다. 부족한 사람은 상대적으로 많이 가진 사람에 대한 불만이 커지고, 무언가를 힘들게 이룬 사람들은 이들이 불평불만만 늘어놓는다며 적대감을 드러내는 악순환이 생겼다. 그러다 보니 누군가 잘되어도 진심으로 기뻐하지 못하고 힘든 일에 처하면 그걸 빌미로 물어뜯기 바쁘다. 자꾸만 자신을 다른 사람과 비교하거나 자존감이 낮아진다면 과감히 그러한 요소들을 차단할 필요가 있다.

나는 스스로를 보호해줄 수 있는 마지막 방패다. 아무도 나를 존중해주지 않는다고 느끼면 스스로라도 아끼고 위로하고 용서하고 격려해주어야 한다. 나를 편견 없이 있는 그대로 바라봐주고 생각과 가치가 인정받을 때 얼마나 큰 기쁨을 느끼는가? 자기 확신과 가치에 따라 바른 방법으로 자아를 실현해가는 자신을 만나는 것만큼 멋진 일도 없을 것이다. 그것이 바로 나를 사랑하는 것이다.

자아가 존중받고 사랑받는 것이 중요하다면 다른 사람의 자아와 가치를 인정하고 그들의 삶을 존중하는 것이 얼마나 소중한지도 깨닫게 된다. 상호작용은 놀라운 우주의 법칙이다. 나의 자유가 중요하다면 상대방의 자유도 중요하고, 내가 감정적으로 상처받는 말을 듣고 싶지 않다면 다른 사람도 마찬가지다. 이는 시민의식과도 연관성이 깊다. 의식 수준이 높은 시민사회는 무관심이나 경계를 넘어선 간섭의 형태가 아니라, 상호 호혜적인 관계로 발전한다.

사업을 하거나 일을 할 때도 마찬가지다. 내가 만든 제품이나 서비스가 가치를 인정받고 많은 사람에게 사랑받길 원한다면, 내가 먼저 다른 사람이 만든 제품이나 서비스를 사용해보고 인정하고 사랑할 수 있어야 한다. 내가 만든 제품이나 서비스에 대한 애정과 자부심만 높다고 해서 성공할 수 있는 것은 아니다. 다른 제품을 무시하고 다른 사람들이 이룬 것에 대한 가치를 인정하지 못하면 나에게도 영광은 돌아오지 않는다.

나라를 잃은 상실과 자유롭지 못한 현실에 대한 비관으로 자긍심을 잃은 국민에게 도산 선생의 '애기애타'는 정서적 치유제였다. 개개인의 자존감을 끌어올려 서로의 목소리에 귀 기울이고 더 사랑할 수 있게 했다. 어려운 시기였지만 가난한 국민들은 힘들게 번 돈으로 나라를 지키는 데 기여했다. 내 힘으로 무언가 중요한 일에 기여할 수 있다는 자긍심과 자존감은 더 큰 사랑을 나눌 수 있는 강력한 연쇄 반응을 일으켰다. 그러므로 자신을 사랑하지 못하는 자기 혐오와 불만족의 시대에 가장 필요한 가치라는 생각이 든다.

사회공헌 활동을 하거나 사회적 약자를 위해 도움을 주는 삶을 살아가는 사람들도 많다. 어떤 사람은 대의를 이루는 데 열정적이라 자신을 챙기고 사랑하는 것에 쏟을 에너지가 부족한 경우도 있다. 수입이 부족해 가족들이 현실적인 삶을 살기 어렵거나, 배우자에게 소원해 부부관계가 안 좋거나, 건강을 돌보지 못해 지병을 앓는 경우도 있다. 문화 생활이나 취미 생활은 뒷전이고 자신을 위해 무언가를 구입하거나 여행을 가는 것은 사치라고 생각한다. 자신이 도움을 줄 수 있는 사람들 앞에서는 힘이 나지만, 그 외에는 고민이 가득하다. 만약 그들이 자신을 좀 더 사랑하고 챙기며 가족과 자신의 행복에 집중할 수 있다면 자기 신뢰와 자기 확신은 자존감과 자부심으로 연결되고 도움이 필요한 더 많은 사람에게 더 큰 도움을 줄 수 있는 에너지를 얻을 것이다.

자기 자신을 존중하고 챙기고 사랑하면 또 다른 가치가 창출되는데, 바로 '행복 에너지'다. 내가 행복한 상태를 유지하는 것만으로도 많은 사람에게 긍정적인 영향을 미친다. 살기 힘든 세상이지만 그럴 때일수록 자신에게 더 집중하고 자신의 목소리에 귀 기울일 필요가 있다. 그래야 이 험한 세상에서 자신만의 가치를 바로 세우고 앞으로 나아갈 수 있는 행복 에너지가 생길 테니까 말이다.

'왜'보다는 '어떻게'라는 질문을 던지자

● ● ●

통합적 사고는 경제, 사회, 환경문제가 우리의 삶에 어떤 영향을 미치는지 이해할 수 있고, 어떤 것을 실천할지에 대한 해법을 찾게 도와준다. 이런 문제가 자신에게 어떤 영향을 미치는지 관심이 없다면 심리적, 정서적 건강에 대한 관심이 없는 것과 마찬가지다.

'긍정'이라는 말은 여러 사람에게 오해를 불러일으킨다. 긍정이 하나의 트렌드가 되고 산업이 되면서 긍정적인 생각이 많은 사람의 삶의 자세가 되었다. 그런데 긍정적이라는 말의 의미는 무엇일까? 어떤 상황에서도 좋게 생각하는 것일까, 어떤 상황이든 기쁘게 받아들이는 것일까? 이런 식의 무한 긍정은 한편으론 독이 될 수도 있다. 긍정은 한자로 肯(즐길 긍), 定(정할 정)이라고 쓰는데, 무언가 정하는 것을 즐기라는 말이다. 긍정이 담고 있는 진짜 가치는, 어떤 상황을 정확하게 바라보고 받아들이려고 노력하면 어떻게 행동할 것인지 알아차릴 수 있다는 점이다.

음주운전 차량이 지나가던 행인을 치고 달아났다. 그걸 본 사람들이 '별문제 없겠지', '잘되겠지'라고만 생각하면 어떻게 될까? 달아난

음주 차량이 제2, 제3의 사고를 내고 다른 사람의 생명을 앗아갈 수도 있다. 이럴 때 긍정적인 사람은 상황을 있는 그대로 파악하고 구급차를 불러 다친 행인을 이송하고 경찰에 신고하여 또 다른 사고가 발생하지 않도록 조치를 취한다. 그리고 어떤 경우에라도 음주운전은 하지 말아야겠다고 생각할 것이다.

부당하게 일자리를 잃은 사람이 있다. 처음에는 그저 좋게 생각하려고 했다. 그러다가 자신에게 왜 이런 일이 생겼는지 질문하며 자책감에 시달리다가 6개월이 흘렀다. 그는 경제적으로 힘든 상황에 놓인 가족에게 표현도 못 하고 가장으로서 든든한 모습만 보이려고 애썼다. 부당한 대우를 한 사람들에게는 말 한마디 못하고 끙끙 앓다가 자신만 사라지면 문제가 해결될 것 같은 생각이 들었고, 결국 극단적인 선택을 하게 되었다.

그러므로 좋게 생각하는 것만으로는, "왜 나에게만 이런 일이 일어났을까?"라고 질문하는 것은 결국 문제를 해결해주지 못한다. 부당한 일을 저지른 사람은 일자리를 잃은 사람이 아니다. 그러니 자책감에 시달릴 필요도 없고 가족들에게 감출 이유도 없다. 긍정적인 사람은 자신이 처한 상황을 있는 그대로 인식하고 어떻게 행동해야 할지 계획을 세운다. 또 다른 피해자가 나오지 않도록 부당한 상황을 공론화하고 사과와 해명을 받아낼 것인가? 아니면 부당한 조직에 계속 다니는 것보다는 가치를 펼칠 수 있는 다른 기회를 찾아보는 것이 좋겠다고 결정을 내릴 수도 있다. 화를 낼 수도 있고, 부당한 대우를 받으며 열심히 일했던 나 자신을 위로하고 격려해줄 수도 있을 것이다.

진정한 의미의 긍정을 습관화하는 것은 마음의 평화와 정신 건강을 위해 가장 효과적인 방법이다. 좋은 것을 습관화하려면 기존에 가지고 있던 안 좋은 습관을 바꿔야 한다. 가이 윈치 박사는 정서적, 정신적 건강에 가장 안 좋은 습관 중 하나로 곱씹어 생각하기를 꼽는다. 특히 감정적, 정신적 충격을 준 상황이나 기억을 계속 끄집어내서 왜 이런 일이 일어났을까를 계속 곱씹어 생각하는 것은 좋지 않다. 부정적인 생각과 속상한 일에 집중하는 것을 멈추고 생산적인 일에 집중하는 연습은 감정적 회복력과 정신 건강 증진에 좋은 솔루션이 된다.

이것을 다른 말로 표현하자면 정화라고 할 수 있다. 우울함, 불안감, 긴장감 등이 해소되고 마음의 평화를 찾거나, 마음속에 자리 잡은 감정의 응어리 등을 풀어내 정서적, 정신적 안정감을 찾는 일이라고 해석할 수 있다. 곱씹어 생각하지 않고 정화하는 방법은 사람마다 다를 수 있다. 가이 윈치 박사는 상처가 되는 생각이 떠오르거나 걱정이 엄습할 때마다 좋아하는 일에 집중하여 정화했다고 한다. 어떤 사람은 명상과 호흡을 통해 감정을 객관적으로 들여다보고 정화하기도 하며, 어떤 사람들은 전문가를 찾아가 마음의 상처나 감정을 표출하고 상담을 받으면서 정화하기도 한다. 다양한 방식 가운데 자신에게 맞는 방식을 찾아 적극적으로 정화하고 정서적 회복과 마음의 평화를 찾는 노력을 습관화해야 한다.

코로나와 같은 질병을 대하는 태도도 마찬가지다. 정확하게 현상을 파악하고 자기 자신과 다른 사람을 보호할 수 있는 최선의 노력을 다해야 한다. 코로나로 인해 사회 활동과 여행 등을 충분히 하지 못해 우울감에 시달리는 사람들이 많다. 코로나 바이러스를 퇴치하는 것 못지않게 개개인의 정서적 회복력을 강화하여 코로나 블루를 극복하는 것 또한 중요하다.

자기 혐오의 시대에서
자기 확신의 시대로

• • •

내가 기분이 좋고 행복할 때는 누군가 나를 살짝 치고 가도 웃어넘길 가능성이 높다. 그런데 그다지 기분이 좋지 않은 날이라면 갑자기 짜증이 올라오면서 싸움으로 발전할 수도 있다. 이런 싸움이 인생에서 발목을 잡는 일이 될 수도 있고, 정신적, 물질적 피해 보상을 해줘야 하는 일로 발전할 수도 있다. 이렇듯 자기 혐오의 문화는 폭력적인 문화를 형성한다. 스스로에게 불만족하고 자기 자신이 혐오스러운데 누군가 마침 그런 식으로 자신을 바라본다고 느끼면 다양한 형태의 폭력으로 표출되는 것이다. 내가 나를 사랑하지 않으면 마음의 평화나 행복을 찾기 힘들고 다른 사람들의 눈길에서도 자유로워지지 못한다.

반면 내가 행복하고 마음이 평화로운 것만으로도 다른 사람들에게 긍정적인 영향을 줄 수 있다. 정신 건강과 정서적 회복에 관심을 기울이고 행복한 상태, 즉 지속가능한 마음의 평화를 유지해야 하는 이유다. 지속가능한 사회를 만들어나가기 위해서 다음 세대에게 반드시 알려주고 교육해야 할 분야 또한 나를 사랑하는 방법, 정서적 회복과 정신 건강에 대한 것이다. 앞으로 사회는 더욱 결핍이 심하고 경쟁이 치열하며 양극화가 커지고 사회문제는 복잡다단해질 것이다. 행복한 삶을 살기 위해서는 정신 건강 관리가 더욱 중요하다는 뜻이기도 하다. 북유럽의 학교에서 개인의 행복을 추구하고 감정적 회복력을 강화하는 교육을 필수 과목으로 추가한 것은 현명해 보인다.

내가 운영하는 마이크로 스쿨인 '존경과 행복의 학교'를 찾은 사람 중에 대학생 시절부터 목표하던 직장에 들어가서 열심히 일하다가 삶의 방식을 바꾸고 새로운 조직에서 일해보겠다는 의지를 가지고 가평까지 온 여성이 있었다. 그녀는 존경과 행복의 학교에 발을 들이자마자 눈물을 흘렸다. 왠지 눈물이 났고 울어도 될 것 같은 마음이 들었다고 했다. 믿고 의지하던 상사에게 상처를 입고 더 이상 조직에서 자기표현을 못 하게 되었다면서, 수업이 진행되는 이틀 내내 자기도 모르게 "사람들이 나를 어떻게 보는지 궁금해요"라는 말을 되풀이했다. 그때마다 나는 "당신은 다른 사람들을 어떻게 보고 있나요?"라고 되물었다. 그녀는 존경과 행복의 학교에서 강의를 듣고 두 달 후 외국계 기업에 취업했고, 자기 확신을 가진 사람으로 행복한 삶을 살아가고 있다는 좋은 소식을 전했다.

사람들은 생각보다 다른 사람들에게 그다지 관심이 없다. 자기 삶을 사는 것조차 버겁고 자기 앞에 산재한 문제를 해결하기에도 시간이 부족하다. 대부분 자신의 경험과 가치, 부족한 부분을 투영하여 상대방을 판단하기 일쑤다. 하지만 다른 사람의 시각과 판단에 그리 신경 쓸 필요가 없고, 그들의 시각과 판단이 틀린 경우도 많다.

그러나 다른 사람의 반응에 신경 쓰지 않고 나의 길을 우직하게 가는 것은 어려운 일이다. 그렇지만 자기 확신을 가지고 다른 사람들을 가치 있게 바라보는 연습을 해야 한다. "나는 그런 사람이 아닌데 왜 나를 그런 시각으로 바라볼까?" 등 답이 없는 고민에 몰두하는 대신, 나를 좀 더 행복하게 할 수 있는 일에 집중하는 것이 좋다. 물론, 자신에 대해서 잘못된 얘기를 하거나 오해가 있을 때는 바로잡으려 노력해야겠지만, 그렇다고 해서 감정적 피해를 입을 필요는 없다. 그리고 누군가를 내 잣대로 판단하기보다는 객관적으로 바라보고 있는 그대로 인정하는 연습을 할 필요가 있다. 또한 문제가 생기면 사람보다는 문제에 집중하여 어떻게 해결할 것인지 생각해야 한다.

긍정적인 태도를 습관화하고 정서적 치유 연습을 통해 많은 사람들이 마음의 평화를 얻으면 실패를 극복하고 다시 도전하는 사람들이 늘어날 것이다. 자존감을 회복한 사람들은 매사에 진정성을 가지고 일하며 다른 사람들을 좀 더 따뜻하게 대할 것이다. 부정적이고 기분 나쁜 일을 곱씹어 생각하는 대신 생산적인 일에 집중함으로써 가치 있는 삶을 살아갈 수 있을 것이다.

징징거리지 못하는 사회

• • •

어려운 시기를 거치면서 다른 사람은 포기할 때 과감한 도전 정신과 멈추지 않는 불굴의 의지로 성공을 거둔 사람의 이야기가 많이 들려온다. 그러다 보니 힘들 때 힘들다고 말하는 것 자체가 패배를 인정하는 것처럼 느껴진다는 말을 하는 사람들이 많다.

건강한 것처럼 보이던 한 젊은 컨설턴트에게 갑자기 원형 탈모와 우울증이 시작되었다. 6개월간 열심히 노력했던 컨설팅 업무가 성공적으로 마무리된 시기였다. 누구보다 자존감이 높았고 성취감을 느끼며 일했다. 프로젝트를 의뢰했던 고객사 대표는 앞으로 3년간 장기 계약을 약속했고 높은 금액으로 계약서까지 썼다.

그런데 고객사 대표가 승진 발령이 나면서 갑자기 조직이 바뀌며 새로운 대표가 부임했는데, 부임하자마자 진행하던 컨설팅과 교육 프로젝트 등을 무효화하고 자기 스타일대로 경영하겠다고 선언했다. 자신이 오기 전에 일어난 일은 알 바가 아니라는 식의 새 대표의 태도와 어쩔 수 없다는 담당자의 무책임함이 상처로 남았다. 갑을 관계에서 을이 할 수 있는 것이 없다는 사실을 실감한 컨설턴트는 세상을 잃은 것만 같았다. 신뢰와 진정성을 최고의 가치로 생각했는데, 충격 그 자체였다. 극심한 스트레스로 머리가 빠지더니 6개월 만에 반 이상이 빠져 사회생활을 하기 힘든 상태가 되었다.

그렇게 되자, 왜 자신에게 이런 일이 일어났는지를 반복적으로 되뇌기 시작했다. 그는 이런 고민을 누군가에게 터놓고 얘기하거나 같이 문제를 해결해나갈 대상이 없었다. 혼자 고민하고 해결하려다 보니 몸이 더 나빠졌다. 마음 한편으로는 이런 일을 당한 것이 창피하기도 하고, 자신의 평판이나 신뢰에 나쁜 영향을 미치지 않을까 걱정스러웠다. 게다가 여전히 잘나가는 컨설턴트로 보이길 원하기도 했다. 어렵게 얘기를 꺼내도 대부분의 사람들은 "우리나라에서 을은 어쩔 수 없어. 잊어버려"라든가, "부정적인 생각을 버리고 건강부터 챙겨"라며 대수롭지 않게 대구할 뿐이었다.

그러나 젊은 컨설턴트에게는 정의롭지 못한 일을 털어놓고 부당함에서 오는 감정적 상처를 공감해주는 것이 중요했다. 한마디로 마음껏 징징거리고 싶었던 것이다. 생각을 바꾸고 행동해야 한다는 것쯤은 이 사람도 알고 있다. 그렇지만 감정과 정신적 치유와 회복을 위해서는 편견 없이 들어주는 사람이 필요하고, 때로는 마음껏 징징거릴 수도 있어야 한다.

그즈음, 젊은 컨설턴트는 지인의 소개로 용하다는 한의사를 소개받았다. 그런데 한의사는 진맥하는 대신 손을 잡아주며 "얼마나 힘들었어?"라고 말을 건넸다. 한의사는 두 시간 넘게 조용히 그의 얘기를 들어주었고, 그렇게 컨설턴트는 치유되었다.

영국의 24시간 전화 상담소인 '사마리아 사람들Samaritans'에 어느 날 전화가 걸려 왔다. 소피 앤드루스Sophie Andrews라는 14살 소녀는 가정 폭력과 성적 학대를 피해 자살 기도를 했는데, 마지막이라는 마음으로 공중전화기를 들었다. 몇 분간의 통화는 처음으로 누군가가 그녀의 이야기를 편견 없이 들어준 경험이었고, 그녀는 진심으로 위안을 받았다.

학대의 피해자는 고독을 느끼는데, 고독감과 고립감은 삶에 큰 영향을 미친다. 누군가의 편견 없는 경청은 단순하고 전문성도 필요 없으며 가장 강력한 치료제다. 시간이 흘러 14살의 학대 피해자였던 소피는 다시 학교를 다니기 시작했고, 자신이 그랬던 것처럼 외롭고 도움이 필요한 사람들의 목소리에 귀 기울여주기 위해 용기 내어 '사마리아 사람들'에서 자원봉사를 시작하게 되었다.

2008년, 그녀는 그곳의 최고경영자가 되어달라는 요청을 받았다. 자신의 애기를 들어달라고 간청했던 소녀가 22,000명에 달하는 상담 조직의 수장이 된 것이다. 3년간 최고경영자로서 역할을 다했고, 현재는 고독한 노인들의 목소리에 귀를 기울여주는 24시간 전화 상담소 실버라인The Silver Line을 설립하여 고독감에 시달리는 독거노인들의 가족이 되어주고 있다.

존경과 행복의 학교에도 경청의 과정이 있다. 상담을 받거나 수업을 들으러 오는 모든 사람들에게 해당되는데, 편견 없이 그들의 이야기와 문제에 귀를 기울이다 보면 어느 순간 그들의 태도, 목소리, 표정이 달라져 있고 신뢰와 교감이 형성되는 것을 느낀다. 어떤 사람들은 눈물을 흘리기도 하고, 어떤 사람들은 안도의 한숨을 내뱉기도 한다. 소피의 사례처럼 심각한 문제가 있는 사람이건 아무 문제가 없는 사람이건, 이야기에 귀 기울여주는 것만으로도 큰 힘을 얻는다.

재미있는 사실은 혼자일 때와 여럿일 때 소통의 자세와 태도가 다르다는 점이다. 여러 사람이 함께 있을 때, 누가 얘기를 하고 있으면 그 자리에 있는 다른 사람들은 귀 기울여 경청하기보다는 다음에 자신이 무슨 얘기를 할까 생각한다. 대화의 깊이가 가벼워지기도 하고, 누군가 한 말을 받아쳐 농담을 하거나, 잠깐이라도 대화가 끊겨 침묵하는 시간을 견디기 힘들어하기도 한다. 반면, 일대일로 대화를 이어나가다 보면 대부분의 사람들이 진중해지고 자신의 내면에 좀 더 집중한다.

토론과 회의는 상대방의 의견을 존중하고 경청함으로써 나와 다른 생각을 이해하고 합리적으로 더 나은 결론과 합의를 이끌어내는 수단이다. 그런데 어릴 때부터 상대방을 이겨 자신의 생각을 관철하는 것처럼 배우다 보니 편견 없는 경청을 기대하기가 어렵다. 내가 존중받고 존경받길 원한다면, 다른 사람을 먼저 존중하고 존경할 수 있어야 한다.

자기 존중과 존경의 힘

•　•　•

존경의 시작은 서로의 다름을 인정하는 것부터 시작된다. 존경이라고 하면 역경을 딛고 한계를 극복하며 세상을 위해 자신을 희생한 사람들을 떠올리기 쉬운데, 존중과 존경의 삶이 일상에서도 가능하다면 어떤 일이 벌어질까? 각자의 마음속에 핵심 가치가 있고 그것이 삶의 이정표가 되어준다면 그야말로 가치가 이끄는 삶을 살 수 있다.

가치가 이끄는 삶을 살아야 한다는 말을 하는 사람들이 늘었는데, 그렇다면 '가치'란 무엇이고 '가치가 이끄는 삶'은 무엇인가? 저자인 브레네 브라운Brene Brown은 가치란 행동 원칙 혹은 행동 기준을 뜻하며, 삶에서 중요한 것을 판단하는 기준이라고 정의한다. 가치관에 따라 살아가기는 가치관을 천명하는 데 그치지 않고 실천해야 한다는 뜻이다. 스스로가 무엇을 믿고 무엇을 중요하게 생각하는지 명확히 밝히고, 자신의 의도와 말, 생각, 행동 등이 그러한 믿음과 가치에서 벗어나지 않도록 신중해야 한다.

선택과 결정은 인생 그 자체다. 선택과 결정은 늘 좋은 결과를 보여주지도, 아름다울 수도 없다. 선택과 결정은 오롯이 나의 것이며, 다른 사람 또는 외부 환경에 의한 선택과 결정은 후회나 미련으로 기억될 가능성이 높다. 핵심 가치는 선택과 결정을 할 수 있는 힘을 주는 궁극의 기준이다. 그동안 잘못된 선택을 해왔다면 자기 존중의 마음으로 다시 선택해도 된다.

코칭을 공부하다 보면 인생의 핵심 가치를 찾는 수업을 하는데, 이는 사람마다 다르다. 자신이 소중하게 생각하는 가치가 무엇인지도 모른 채 살아가는 것은 진짜 나로 사는 것이 아니며, 지속가능하지 못한 삶이다. 세상이 정해놓은 행복의 기준에 나를 맞춰가는 것이 아니라 마음속 깊이 가지고 있는 나만의 가치와 행복의 조건을 자신 있게 펼쳐야 후회 없는 인생을 살 수 있다.

많은 사람들이 이 세상과 치열한 전투를 벌이며 살아가고 있다고 생각하는데, 정작 가장 치열한 전장은 마음속이다. 어떤 것을 하고 싶다는 마음 이면에는 할 수 없을 거라는 자조 섞인 마음이 있다. 이럴 때는 세상을 탓하는 게 쉬운 핑곗거리가 된다. 그러나 나 자신에 대한 믿음이 가장 큰 문제가 된다. 나만의 핵심 가치를 가지고 스스로를 믿고 자신의 선택을 존중하는 것이야말로 나를 강하게 만든다. 누군가가 배신하든, 내 가치를 인정받지 못하든, 깊숙한 감정적 상처로부터 자신을 보호할 수 있고 다른 사람들이 갖지 못하는 새로운 기회를 만들어낼 수도 있다.

영화 〈300〉의 원작인 《불의 문》을 집필한 미국의 작가 스티븐 프레스필드Steven Pressfield는 이렇게 얘기한다. "대부분에게는 두 개의 삶이 있다. 우리가 살고 있는 삶과 내면에 있는 살지 않은 삶. 이 둘 사이에는 저항이란 게 버티고 있다." 더 가치 있고 더 큰 보상을 주며 더 큰 가르침을 받을 수 있는 일이나 선택에는 더 큰 저항이 따르게 마련이다. 그로 인해 반드시 해야 하는 일이라고 해도 다양한 형태의 두려움을 겪는다. 결국 스스로에 대한 믿음과 신뢰가 그 저항을 기꺼이 받아들이게 하는 용기를 주며, 그 용기는 내면에 있지만 아직 살지 않은 삶을 살 수 있는 기회를 준다.

어릴 때부터 나는 사람들 앞에서 발표하는 것에 자신이 있었다. 많은 사람들 앞에서 진정성 있는 얘기를 하고 영감을 주는 것이 가장 나다운 일이라고 느껴왔다. 그런데 2011년 런던에서 열리는 지속가능한 올림픽을 위한 전문가 세미나에서 강연을 요청받았다. 내가 동경하던 전문가들 앞에서 영어로 강의해야 하는 것이 엄청난 두려움으로 다가왔다. 매일 포기하고 싶었고 신경이 날카로워 밥도 제대로 먹을 수 없었다. 그때 영혼을 살찌우고 실력을 향상시키는 선택과 경험은 큰 저항과 두려움을 가지고 있다는 것을 알게 되었고, 그 두려움을 극복하는 유일한 방법은 자신을 믿고 최선을 다하며 용기 있게 나아가는 것임을 깨달았다. 설사 실패하더라도 남 탓을 할 필요가 없고 값진 경험과 배움과 인생의 스토리를 얻게 될 것이다.

마음의 평화를 찾는 법

· · ·

마음의 평화를 찾고 평정심을 유지하기가 어려운 시대이니만큼, 이는 모든 사람들의 바람이기도 하다. 앞으로는 개인 역량과 차별점 중의 하나로 자리 잡게 될 것이다. 조직에서도 불안하고 작은 일에 흔들리는 사람보다는 소신을 가지고 흔들림 없이 꾸준히 일하는 사람을 선호한다. 사회도 마찬가지다. 앞으로 경험해보지 못한 일들이 빠른 속도로 일어날 것이다. 물론 위기도 있고 좋은 변화도 있을 것이다. 다만 점점 더 복잡해질 거라는 것은 확실하다. 그런 상황에서 마음의 평화를 찾는 것은 더할 나위 없이 중요하다. 그렇다면 마음의 평화를 찾으려면 어떻게 해야 할까?

첫째, 방향이 속도보다 중요하다. 마음의 소리에 귀 기울이고 핵심 가치에 따라 선택하고 결정하는 삶을 살아갈 수 있다면 속도는 중요하지 않다. 오히려 남들보다 먼저 무엇을 이루어내겠다는 욕심이 나답게 살지 못하게 하고 마음의 평화를 깨뜨린다. 나이 들어 경험과 연륜과 지혜가 쌓이면 속도보다 방향이 중요했음을 뼈저리게 깨닫게 된다. 내 방향을 다른 사람들 때문에 바꾸는 일이 없어야 후회가 없다.

둘째, 삶에 긍정 에너지를 끌어들여야 한다. 하고 싶은 일을 더 많이 얘기하고 가능성과 기회를 계속 떠올리다 보면 마음도 평화로워지고 바라는 일이 이루어질 가능성도 높아진다. 정말 원하는 것이 있다면 자기 확신과 신뢰를 가지고 표현할 필요가 있다. 긍정 에너지는 실행력을 높여주고, 조력자가 나타나게 도와주기도 하며, 실현의 시간을 앞당겨주기도 한다. 가능성은 무한하지만 문제는 제한적이다. 문제에만 집착하는 한 가능성은 줄어들고, 문제가 아닌 가능성에 귀를 기울이면 긍정 에너지가 화답한다.

셋째, 선한 의도는 지원군을 불러 모을 수 있다. 참된 이야기와 선한 의도는 감출 필요가 없다. 설사 그것이 공유하기 불편하거나 곤란한 것이라도 진짜 내 모습을 드러낼 수 있는 선한 의도라면 기꺼이 함께 하고 공감해줄 지원군이 나타나게 될 것이다. 많은 사람의 공감과 지원은 자기 확신을 강화시키고 더 많은 기회를 만들어낸다.

넷째, 나를 지킬 수 있어야 세상과의 관계가 바로 선다. 나를 사랑하지 못하면 다른 사람을 사랑할 수 없다. 자기 확신을 가지고 나아갈 용기도 필요하며, 때로는 나부터 용서하고 격려하며 응원해줄 수 있어야 세상에 진짜 나를 보여줄 수 있는 힘이 생긴다. 다른 사람들의 시선과 판단에 신경 쓰기보다는 나만의 항로를 만들고 그 흐름에 몸을 맡기다 보면 세상과 동등하게 서 있는 자신을 발견하게 된다. 인생은 넓은 바다를 항해하는 배와 같다. 날씨와 조류는 물론이고 확인할 수 있는 모든 방법을 동원하여 원하는 목적지를 향해 잘 가고 있는지 살피고 또 살펴야 한다.

다섯째, 적극적인 회복 습관이 필요하다. 치열하게 하루를 살다 보면 감정적 상처나 정신적 스트레스를 받는다. 그럴 때마다 마음의 평화를 찾고 적극적으로 회복하려는 노력이 중요하다. 몸의 건강만큼이나 정신적, 정서적 건강 또한 중요하기에 자신에게 맞는 치유와 회복의 습관을 들여야 한다. 나는 주말마다 이웃과 저녁을 함께 한다. 나보다 연세가 한참 많은 분들로, 서로 영어 이름을 부른다. 간소하지만 아늑한 자리를 마련해 맛있는 음식을 같이 나누며 서로의 일상을 조건 없이 응원해준다. 나는 이들과 함께하며 이해관계 없이 온전히 나를 보여줄 수 있고 행복한 그 순간에 집중하며 치유된다. 이 모임은 나만의 적극적인 회복 습관이다.

여섯째, 현재를 살고 만족할 줄 알아야 한다. 의식적으로 하지 않는 한, 현재를 즐기거나 현재에 몰입하여 살아가기 어렵다. 과거나 미래에 집착한 나머지 지금 어떤 것을 이루었고 얼마나 가치 있는 삶을 살아가는지 간과하기 쉽다. 아무리 멋진 미래를 설계하고 있더라도 지금 이 순간 그 자리에 도달하지 못했다면 멋진 미래의 꿈을 이루기 어려울 것이다.

일곱째, 피할 수 없는 고통이라면 그 고통과 친하게 지내는 것이 좋다. 인생에서 고통은 피할 수 없는 존재다. 고통이 없다면 행복을 추구할 이유도 없을 것이다. 그러므로 고통을 대하는 방식에 따라 삶의 질이 달라질 수 있다. 마음의 평화는 고통 없는 상태라기보다는 고통을 필연적인 존재로 받아들이고 그들과 좀 더 사이좋게 지내려는 노력에 가깝다. 아무 고통도 없는 상태는 사실상 불가능하므로 그것을 추구하는 것은 또 다른 고통이 될 것이다.

여덟째, 적극적으로 도움을 요청해도 괜찮다. 누구에게나 지금 사는 인생은 처음이다. 그러니 처음부터 완벽히 모든 것을 해낼 수 없다는 점을 인정하자. 내가 못하는 부분에 대해서는 기꺼이 도움을 청하고, 다른 사람의 어려운 상황에 공감하고 도움을 주면 된다.

치유의 자아를 깨워라

. . .

행복은 상황이나 환경이 만들어주는 것이 아니라, 스스로 상황과 환경과 관계에서 찾아내고 발견해야 하는 관점이다. 따라서 행복으로

가는 길은 깨어 있는 마음에서 시작된다. 내가 깨어 있지 못하면 행복은 실체 없이 떠돌 뿐이다.

열린 마음과 흡수력, 공감과 간섭은 삶의 실행력을 만들어주고 또다른 공감과 합의를 이끌어낸다. 이것을 통찰이라고 부를 수 있을 것이다. 편협한 생각과 아집은 불협화음만 만드는 것이 아니라 불간섭을 만들어낸다.

누구에게나 치유의 자아가 있는데, 그것이 깨어 있는 나를 통한 통찰과 만나면 엄청난 시너지를 낸다. 치유의 자아는 정서적 상처로부터 회복하도록 도와주기도 하지만, 다른 사람의 고통에 공감하고 경청할 수 있는 힘을 준다. 마음의 소리에 귀를 기울여 치유의 자아를 깨울 수 있는 것처럼, 경청을 통해 고통으로 가득 찬 누군가의 마음을 비워줄 수 있다. 무엇보다도 이런 정서적, 감정적, 정신적 치유와 회복 방법은 나누고 순환시키고 다음 세대를 위해 교육해야 하는 것이다.

작가인 브레네 브라운의 집에는 '가족 선언문'이 있다고 한다. 딸에게 보내는 글인데, 다음 세대에게 가르치고 보여주어야 하는 감정적, 정서적, 정신적 치유와 회복의 방향을 잘 담고 있다.

우선, 네가 사랑받고 있고 사랑스럽다는 걸 알았으면 좋겠어. 넌 이 사실을 엄마의 말과 행동을 통해 알게 될 거야. 사랑에 대한 가르침은 엄마가 널 대하는 법, 그리고 엄마가 엄마 스스로를 대하는 법에 담겨 있단다. 또 네 자신의 존재 가치를 아는 상태에서 세상과 관계를 맺었으면 좋겠어. 엄마가 스스로에게 연민을 베풀고 스스로의 결점을 포용하는 걸 볼 때마다, 넌 네가 사랑과 소속감, 기쁨을 누릴 가치가 충분하다는 걸 알게 될 거야. 우리 가족은 참여하고, 당당히 드러내고, 취약함을 존중할 거야. 그렇게 용기를 실천할 거야. 우리는 강점과 약점에 관한 이야기를 터놓고 나눌 거야. 우리 집엔 늘 이 둘 모두를 위한 공간이 마련돼 있을 거야. 우리는 우리 자신에게 연민을 베풀고 또한 서로에게 베풂으로써 너에게 가르칠 거야. 우리는 네가 기쁨을 알길 바라기 때문에, 감사를 함께 연습할 거야. 우리는 네가 기쁨을 느끼길 바라기 때문에, 취약해지는 법을 함께 배울 거야. 우린 함께 울고, 함께 두려움과 슬픔을 마주할 거야. 엄마는 너의 고통을 덜어주고 싶을 테지만, 그 대신 너와 마주 앉아 그걸 느끼는 법을 알려줄 거야.

우리는 웃고 노래하고 춤추고 창조할 거야. 우린 무슨 일이 있어도 언제나 서로에게 우리 자신일 수 있도록 허용될 거야. 너는 언제나 우리의 일원일 거야. 진심을 다해 여정을 시작하는 네게 엄마가 줄 수 있는 최고의 선물은, 나도 진심을 다해 살아가고 사랑하는 것 그리고 원대하게 꿈꾸는 거야. 엄마는 네게 그 무엇도 완벽하게 가르치거나 사랑하거나 보여주지 않을 거야. 다만 네가 엄마를 보게 해줄 거고, 엄마는 널 볼 수 있는 이 선물을 언제나 신성하게 여길 거야. 널 진심으로, 깊게 볼 수 있는 선물을.

오프라 윈프리,《언제나 길은 있다》(한국경제신문, 2020) 중에서 스스로를 치유하고 지속가능한 마음의 평화를 얻기 위해 지금 당장 끊어야 하는 5가지가 있다면 다음과 같다.

첫째, 모든 사람에게 인정받고 모든 사람에게 잘 보이려고 하는 것

둘째, 변화와 선택을 두려워하는 것

셋째, 과거에 얽매여 사는 것 또는 과거의 성공이나 실패(실수)에서 벗어나지 못하는 것

넷째, 나 자신을 소중히 여기지 않는 것

다섯째, 생각을 너무 많이 하거나 곱씹어 생각하는 것

특히, 답이 없는 문제를 곱씹어 생각하면 한없이 침잠하게 되고, 과거에 머물면서 변화를 받아들이지 못하는 악순환이 계속된다. 변화를 두려워하는 마음은 새로운 기회가 와도 잡지 못하고, 모든 사람에게 좋은 사람으로 남으려고 타협하게 만든다. '마음의 평화'는 아무 문제 없이 조용한 상태이거나 나를 힘들게 하는 사람이나 일이 없는 상태가 아니다. 휴양지와 같은 곳에서, 지금 하고 있는 일이나 스트레스에서 벗어나 다른 환경에 있어야만 마음의 평화를 찾을 수 있다고 잘못 생각하는 경향이 있는데, 진정한 평화는 관점에 달려 있고 마음의 평화는 자신이 만드는 것이다.

8장

·

지속가능한
투자와 ESG

돈과 부에 대한
생각과 태도를 바꾸자

· · ·

철학자 아르투어 쇼펜하우어Arthur Schopenhauer는 "부는 바닷물과 같다. 많이 마실수록 더 목마르다"라고 말했다. 돈을 좇고 부를 축적하는 것이 궁극적으로는 인간성을 지키지 못하고 지속가능한 삶을 방해한다고 생각하는 사람이 많다. 그러한 생각의 이면에는 쇼펜하우어의 말처럼 인간의 탐욕적 본성에 대한 우려가 깔려 있다. 그리고 부를 축적하는 과정이 건전하거나 사회적, 환경적 가치까지 고려하지 못한다는 직간접적 경험을 통해 부자들은 잘못된 방식으로 막대한 돈을 벌었을 것이라는 통념이 있다. 돈과 권력과 정치와 기업은 예나 지금이나 복잡하게 얽혀 있고 각종 논란과 문제의 온상이 되고 있다.

미국의 저널리스트이자 작가인 프랭크 켄트가 《정치적 행태Political Behavior》라는 책에서 사용하면서 널리 알려진 팻 캣Fat Cat은 기업이 어려운 상태임에도 불구하고 막대한 부를 축적하는 경영자 또는 특권을 얻거나 개인의 목적을 달성하기 위해 어마어마한 정치 자금을 후원하는 부자를 일컫는다.

돈이라는 존재는 아이러니하다. 많은 사람들이 돈의 부정적인 측면과 어두운 면을 경고하는데도, 가장 좋아하고 열렬히 추구하는 존재가 돈이기도 하다. 돈은 대부분의 사회문제를 만들어내기도 하지만, 사회를 잘 돌아가게 하는 가장 완벽한 시스템이기도 하다. 돈은 예나 지금이나 성공의 중요한 기준으로 여겨졌고, 돈을 벌고 싶은 열망은 인간이 노력하게 만들고 한계를 극복하여 발전을 이끌어냈다.

그렇다면 돈은 사악하고 지저분한 존재일까? 나는 그렇게 생각하지 않는다. 그보다는 돈을 벌고 쓰는 일부 사람들의 태도가 사악하고 지저분하다. 돈은 순수하고 명확한 캐릭터를 가졌다. 잘 벌고 잘 쓰면 개인과 사회에 도움이 되지만, 그렇지 못하면 사악한 힘을 여지없이 드러낸다.

돈 없이는 인간은 살아갈 수 없다. 그러므로 돈의 부정적 영향에 집중하기보다는 돈에 대한 태도를 긍정적으로 바꾸고 부를 축적하는 과정을 올바르게 해야 한다. 막대한 부를 축적한 사람들을 부정적으로 보는 대신, 누구나 공감할 수 있는 좋은 방법만이 돈을 잘 벌고 부를 축적할 수 있는 사회를 만들어가야 한다. 노력의 가치를 제대로 인정하고 올바른 방법과 과정으로 돈을 버는 사람들을 알아보는 현명한 시각을 키워야 한다. 동시에 부정적이고 옳지 않은 방법으로는 부를 축적할 수 없는 사회 시스템을 구축해야 한다.

돈 버는 방식을 바꾸면 삶의 밀도가 달라진다

"개처럼 벌어서 정승처럼 쓰라"라는 말이 있다. 돈을 쓰는 것에 대한 방식과 가치를 강조할 말이다. 그렇다면 돈을 버는 과정은 어떤가? 예로부터 어떠한 방식으로든 많은 부를 축적한 사람들을 부러워하고, 바르고 정의로운 방식으로는 돈을 벌기 어렵다는 것을 암묵적으로 받아들였다.

내가 영국에서 돌아왔을 때 한국은 CSR이나 지속가능 경영에 대한 개념이 들어와 있지 않았다. 그래서 한국에서 최초로 CSR과 지속가능 경영 전문 교육 및 컨설팅 회사를 설립하고 본격적으로 알리기 시작했을 때 많은 사람들이 그 가능성과 필요성을 느끼고 찾아와 협업을 요청했다.

그런데 나에게 협업을 요청하고 사업 확장을 위해 투자하겠다는 사람들이 나에게 해주었던 조언은 그와 정반대였다. 그들은 하나같이 돈을 벌려면 그렇게 하면 안 된다고 말했다. 정부 지원금을 '눈먼 돈'이라면서 쉽게 따내서 개인적으로 쓰는 법, 세금 안 내는 법 등 온갖 불법과 편법을 부추겼다. 또 직원에게는 절대 잘해줄 필요가 없다고 했다. 그들의 말투는 확신으로 가득했고, 모로 가도 돈만 벌면 된다는 식의 태도는 내 가치를 혼란스럽게 만들기에 충분했다. 돈을 바라보는 태도와 부를 축적하는 방식과 과정에 대한 생각이 바뀌지 않으면 건전한 사회 발전은 물론이고 기업의 사회적 책임과 지속가능성은 요원하겠다는 생각이 들었다.

누구나 돈을 벌고 싶어 하지만, 정작 돈 얘기를 하는 것은 불편해하는 경우가 많다. 돈을 부정적으로 바라보기 때문일 것이다. 나에게 강의 의뢰를 하거나 자문을 받기 위해서 찾아온 사람들 중에도 비용을 언급하면 돈을 밝히는 사람처럼 취급하는 사람들이 있었다. 정당한 노력과 일에 대한 가치를 요구하거나 인정하는 것은 너무나 당연하다. 특히, 전문가의 시간에 대한 가치를 인정하지 않는 풍조는 바뀔 필요가 있다. 터무니없는 비용이라고 생각하는 사람도 있겠지만, 전문가의 통찰과 솔루션이 간절한 누군가에게는 그렇게 비싼 것만은 아닐 수도 있다. 어떤 분야의 전문가가 되기 위해 그들이 들인 노력과 시간과 비용과 경험의 가치는 인정받아야 한다. 경력이 높아질수록 직급과 급여가 올라가는 것도 같은 이치다.

한편 재능 기부라는 말도 문제가 있다고 생각한다. 노력을 통해 갖추어진 전문성이나 특별한 재능은 당연히 정당한 보상으로 그 가치를 인정받아야 한다. 그렇게 받은 돈을 필요한 곳에 기부하는 것은 각자 선택의 몫이다. 재능 기부라는 그럴듯한 이름으로 우수한 전문가들을 공짜로 부리는 사업은 오래가지 못한다.

불법과 편법을 저지르고 직원들의 안전과 행복을 고려하지 않는 경영으로 돈을 버는 기업은 반드시 도태되어야 한다. 나는 진정성을 가지고 윤리적으로 경영하며 이해관계자와 상생하려는 기업들이 소비자의 선택을 받아 돈도 잘 벌고 사업이 확장되는 사회를 꿈꾼다. 돈을 벌고 성공하는 방식과 과정이 이런 식으로 달라진다면 다음 세대들은 성공의 정의를 다시 쓸 수 있고 자연스럽게 그 방식들을 배우고 따라하게 될 것이다.

파타고니아의 창업자인 이본 쉬나드Yvon Chouinard는 "당신이 해답(솔루션)의 일부가 되지 못한다면 문제의 일부라는 뜻이다"라고 말했다. 이 세상에 부정적 영향을 미치는 문제의 일부로서 돈을 벌 것인지, 아니면 다양한 문제를 해결하기 위한 노력의 일부로서 돈을 벌 것인지 고민하고 선택해야 하는 시대에 살고 있다. 내가 일하는 회사가 문제의 일부라면 여기에서 벗어나 솔루션 역할을 하는 조직으로 들어가야 한다. 직업에 귀천은 없지만, 옳고 그른 것과 지속가능성에 기여하는지 못하는지는 구분할 수 있어야 한다.

인생을 살다 보면 3가지 C가 필요하다. Choices(선택), Chances(기회), Changes(변화)가 바로 그것이다. 어떤 선택을 하느냐에 따라 주어지는 기회가 달라지며, 살아갈 인생의 방향이 달라진다. 즉, 인생에서 원하는 변화를 만들어내기 위해서는 선택을 하고 그에 맞는 기회를 창출할 수 있어야 한다.

직장 민주화

．．．

대부분의 문화권에서 기업은 사악한 존재로 여겨진다. 그러나 기업이 없다면 많은 사람들이 일자리를 잃고 돈을 벌 기회가 사라진다. 직장은 현대 사회에서 가장 보편적인 부의 창출 수단이자 자아실현의 무대다. 그만큼 직장인들이 돈을 버는 행위의 가치와 무게에 대한 생각이 달라지면 큰 변화를 만들어낼 수 있다.

직장인들이 가장 많이 하는 말 중의 하나가 "먹고살려면 어쩔 수 없다"는 것이다. 먹고사는 것은 누구에게나 중요한 문제다. 하지만 어떻게 먹고살지는 선택의 문제이다. 예를 들어, 내가 전화 영업 업무인 줄 알고 취업했는데 하는 일이 보이스피싱이라면 당장 일을 그만두고 경찰에 신고해야 한다. 그러나 일단 돈을 벌어야 하고 먹고사는 것이 중요하니까 다른 사람들에게 피해가 가도 어쩔 수 없다고 정당화하는 사람들도 있을 것이다.

안전에 대해서는 또 어떤가? 위험물을 취급하는 작업 현장에서 일하지만 회사에서 안전 교육도 없고 안전장치 또한 제대로 지급하지 않는다면 인권과 건강과 생명을 지키기 위해 안전한 환경을 갖추어줄 것을 요구하거나, 더 안전한 직장으로 옮겨야 한다. 그러나 언제라도 다치거나 사망할 수 있는 위험한 환경에 놓여 있는 것을 알면서도 먹고살아야 한다는 이유로 무방비 상태로 현장에 나간다.

영화나 드라마를 보면 사업주나 상급자가 비윤리적이고 부당한 일을 시키는 경우 이를 기꺼이 수행하는 장면이 흔히 등장한다. 불법적인 일을 처리하고 선량한 사람을 괴롭히고 정보를 조작하거나 로비를 하기도 한다. 부당한 일은 당연히 거부하고 불법을 조장하는 조직이라면 당장 그만둬야겠지만, 돈을 벌고 자리를 유지해야 한다는 미명하에 직장에서 흔하게 이루어지고 있는 일이기도 하다.

먹고사는 문제에도 품격이 있고 옳고 그름이 있다. 어떤 사람들은 배부른 소리라고 할지도 모른다. 그러나 진정으로 자신을 사랑하고 가족을 아낀다면 어떤 일을 하든 일에 가치를 불어넣어야 한다. 내가 한 일이 내일 당장 신문에 보도되거나 가족들이 알더라도 떳떳한가? 내가 하는 일이 나와 내 가족을 보호할 수 있는가? 이런 질문을 던지고, 당당하게 대답할 수 있어야 한다.

지금 모든 조직에서 필요한 것이 '직장 민주화'다. 시민의 희생과 노력으로 '정치 민주화'를 이뤄냈듯, '직장 민주화'는 직장 생활을 하는 사람들의 관심과 참여와 노력을 통해서만이 가능하다. 조직의 주요 의사결정 과정에 조직원들이 참여하고 변화를 창출해낼 수 있도록 하자는 것이다. 그러려면 돈을 벌기 위해 하는 일에 윤리적, 사회적, 환경적 가치를 담고 공정하고 옳은 일에 집중할 수 있는 환경을 만들어 나가야 한다. 직장 생활은 힘든 거라고 소주 한잔 마시면서 한탄하듯 넘길 일이 아니다. 지속가능한 삶을 만들어가려면 내가 하는 일과 돈을 버는 방식이 반드시 지속가능해야 한다.

투자자의 시각이 바뀐다

· · ·

"모든 미국 어린이들이 운동장에서 공을 차는 이유는 득점하기 위해서지만, 파키스탄 어린이들이 시간당 6센트의 돈을 벌기 위해 축구공을 꿰매는 이유는 살아남기 위해서다"라는 글이 1996년 〈라이프〉에 실렸다. 이 기사는 나이키의 아동 노동 문제를 다루었는데, 그때까지만 해도 기업이 제품을 만드는 과정에서 일어나는 사회적, 환경적, 윤리적 이슈에 크게 관심이 없었다. 특히, 협력 회사에서 일어나는 일에 관심을 가지는 사람은 없었다. 이 기사는 많은 사람의 마음을 움직였고, 결국 나이키에 대한 전 세계적인 불매운동으로 이어졌다.

이와 비슷한 사례는 너무나 많다. 비윤리적인 경영과 회계부정으로 도산한 엔론 사태, 원유 7억 7천만 리터가 유출되어 엄청난 경제적, 환경적 피해를 안겨준 BP 사태, 다이아몬드와 광물의 판매 수익이 내전 등 전쟁에 충당되고 노예 노동과 인권 문제를 일으키고 있는 콩고민주공화국의 블러드 다이아몬드 등, 기업이 사회적, 환경적, 윤리적 가치를 지키지 못하면 다양한 리스크가 발생한다는 것을 알 수 있다. 이러한 문제들은 직원과 협력 회사는 물론 주주, 투자자에게 막대한 손실을 안겨주게 된다. 이런 문제가 생기지 않도록 하는 것이 바로 지속가능한 경영이다.

지속가능하고 가치 있는 것에 돈이 모이는 것은 너무나도 고무적인 현상이다. 돈을 벌고 부를 축적하고 싶어 하는 인간의 가장 기본적인 욕망이 가치와 만나면 더 강력한 실행력을 발휘하기 때문이다. 이미 전 세계 투자금은 더 나은 세상을 만드는 데 기여하면서도 장기적인 수익을 창출할 수 있는 사람, 기업, 기술을 찾으려 애쓰고 있다.

돈은 자본주의 사회에서 강물과 같다. 강물에 떠다니는 배 하나하나의 방향을 바꾸는 것은 힘이 들기도 하고 효율성도 떨어지지만, 물길이 달라지면 자연스럽게 배는 물길을 따라 흘러간다. 그것이 돈의 힘이다. 그래서 돈을 바라보는 시각과 부를 축적하는 태도를 바꾸어야 올바른 성장의 기회를 창출할 수 있다.

그렇다면 지속가능성에 미치는 영향을 분석하고 가치 있는 투자 대상을 찾기 위해서는 어떻게 해야 할까? 기업이 투자 건전성을 확보하고 사업 경쟁력을 강화하기 위해 어떤 요소들을 더 강화시켜야 할까? 그 답이 ESG다.

ESG, 기업과 투자자에게
두 번째 기회가 되다

· · ·

ESG는 환경적 가치 창출과 환경 리스크의 예방과 관리, 사회적 가치와 책임, 사회문제 해결과 상생, 투명하고 건전한 지배 구조와 올바른 의사결정 구조를 뜻하는데, 기업 활동과 가치를 평가할 때 환경적 리스크를 예방하고 사회적 책임을 다하며 투명하고 윤리적인 의사결정 구조를 가지고 있는지 고려하여 투자하는 방식을 말한다. 이러한 개념이 확산된 것은 ESG 관리가 부실한 기업이 리스크 발생 위험이 높고 투자자들에게 손실을 입힐 가능성이 큰 반면, ESG를 잘하는 기업의 재무 성과가 더 높기 때문이다.

주요 ESG 관리 이슈

환경(Environmental)	사회(Social)	거버넌스(Governance)
환경 정책과 관리 시스템	인권 모니터링과 관리	기업 윤리 체계와 관리
자원과 폐기물 관리	노동권 보호와 관리	반뇌물, 반부패
오염 및 공해 예방과 개선 노력	차별 금지/다양성 존중	지배 구조 법규 준수
유해 화학물질 관리와 저감	작업장 환경과 임직원 건강	공공 정책/공정 경쟁
자원 순환과 순환 경제 성과물, 원재료 등 자원 관리와 절감	단체 활동/집회결사의 자유	이사회 및 감사위원회 구성과 독립성
친환경 기술/에너지 효율화	지역사회 투자와 문제 해결	이사회 구성의 다양성
온실가스 및 탄소 배출 관리	공정 경쟁	임원 보수의 적정성
기후변화 대응 노력	협력 회사 상생과 공존	로비 및 정치 기부 원칙
책임 있는 구매와 조달 등	공급망 관리와 가치사슬 책임	컴플라이언스
+ 협력사, 관계사 포함	소비자보호와 책임/고객 만족	= 건전한 의사결정 구조
	개인정보 및 지적 재산권 보호 등	= E&S의 실천이 가능한 의사결정 구조
	+ 협력사, 관계사 포함	

ESG를 설명하는 과정에서 환경과 사회문제는 쉽게 이해하지만, 지배 구조에 대한 이해가 부족한 경우가 많다. 거버넌스라면 보통 지배

구조라고 해석하고 소유 구조를 떠올리기가 쉽지만, 여기서는 공정하고 올바른 의사결정 구조를 뜻한다. 사람으로 치자면 지속가능한 라이프 스타일을 추구하는 마음과 올바른 행동을 유발하는 판단력에 해당된다. 요즘 배달 음식을 주문해 먹는 경우가 많은데 일회용품을 조금이라도 줄이기 위해 주문 시 일회용 수저를 제외하는 것이 예가 될 수 있겠다.

바람직한 거버넌스는 다양한 이해관계자들의 목소리에 귀 기울이고 환경과 사회문제에 대한 실천과 개선을 가능하게 한다. 최고 의사결정권자들이 사회나 환경문제에 관심도 없고 가치를 중요하게 생각하지 않으면, 경영은 물론 제품과 서비스, 비즈니스 전체에 ESG 개념이 적용되기 어렵다. 예를 들어, 미국의 투자 회사인 엔진넘버원Engine No.1이 정유회사 엑손모빌에 신재생에너지 전문가 네 명을 이사회에 선임하라고 직접적으로 요구하였다. 엑손모빌의 최고 의사결정 기구인 이사회의 구성을 보았을 때 풍력 발전 등 신재생에너지 전문가가 없어서 이 부분에 대한 사업적 실행 의지가 없다고 판단한 것이다. 최근 경영 실적 악화에도 불구하고 최고 경영진이 막대한 보상을 챙기자, 경영진의 급여와 보상 체계를 철저히 점검하고 합리적으로 개선하라고 한 것 또한 거버넌스의 역할을 잘 보여주는 사례라고 하겠다.

ESG는 1980년대에 전 세계 지속가능 발전에 대한 개념이 정립되면서부터 태동한 개념이라 완전히 새로운 콘셉트는 아니다. 2006년 UN에서 PRIPrincipal of Responsible Investment(책임 투자 원칙)가 발효되고 전 세계 투자 및 금융계가 참여하게 되면서 ESG가 본격적으로 기업 평가 요소로 반영되고 투자 결정의 주요한 고려 요소가 되었다. 2010년 이후에는 개별 투자 기관들이 자체 ESG 평가 기준을 개발하고 관련 성과 분석을 본격화하면서 ESG 투자를 통한 성과가 전통적 투자의 성과를 상회하는 결과를 내기 시작했고, 그러면서 주류 투자 개념으로 인식되고 있다. 게다가 상장기업에 대한 ESG 정보 공개를 의무화하는 나라들이 많아지고 관련 규제들이 강화되면서 ESG는 지속가능한 경영을 위한 필수 요소로 자리 잡게 되었다.

CSR을 사회공헌과 동일시하는 오류를 범한 사이비 전문가들로 인해 우리나라 기업은 경영 체질의 변화에 실패했고, ESG의 적용에 대한 대응 역량 또한 부족하다. CSV 광풍은 실체 없는 해프닝으로 흐지부지되고 있다. 지속가능 경영은 환경과 기후변화에만 집중한 나머지 균형을 잃었다. 우리 기업이 본질적 변화와 개선에 집중하지 못하고 ESG 평가 지표의 개발과 평가 점수에만 열을 올리는 동안, 글로벌 기업은 지속가능한 비즈니스로 체질 개선하여 활용하는 단계에 이르렀다.

ESG를 제대로 실천하고 정착시켜 지속가능한 사회 발전을 이루기 위해서는 제도와 평가 체계만 강조해서는 안 된다. 어떻게 실행하고 활용할 것인지를 담은 기술 체계와 더불어, 왜 ESG가 나와 조직과 우리 사회에 중요하고 필요한지 알려주는 의미와 가치 체계를 현실적으로 제시할 수 있어야 지속가능한 삶으로의 체질 개선이 이루어질 것이다. 지속가능성이 위협받고 있는 이 시기에 기업은 ESG를 통해 좀 더 건전한 방식으로 사업을 지속하고, 투자자들은 장기적인 시각으로 수익을 창출할 수 있는 두 번째 기회를 얻은 것이나 마찬가지다.

개인의 삶에 들어온 ESG

전 국민이 주식을 한다고 해도 과언이 아닐 정도로 주식 투자를 비롯해 다양한 투자가 이루어지고 있다. 투자 기관 전문가나 기업만이 아니라, 모든 투자자가 투자를 결정할 때 ESG 이슈를 따져야 한다. 내가 투자한 돈이 자신의 가치와 철학에 반하는 방식으로 투자되는 것을 원하지 않는 투자자들이 늘어나는 것도 이 때문이다. 내가 투자한 돈이 세상을 지속가능하고 좋은 세상으로 만드는 데 기여하면서도 장기적인 수익을 내기를 바라는 것은 이 시대에 요구되는 가장 영향력 있고 가치 있는 변화다.

돈의 흐름이 ESG를 중심으로 한 지속가능한 가치를 향해 흘러가고 있다는 점은 무척이나 고무적이다. 이러한 변화의 흐름 속에서 ESG 관리를 무시하거나 기업 규제로 받아들여 거부감을 드러내는 기업은 시대의 흐름을 읽지 못하므로 믿고 거르는 것이 상책이다. ESG는 규제가 아니라 제대로 된 방식으로 경영해온 기업에는 그 가치를 인정받는 기회로 작용할 것이며, 지속가능성이 주류가 되는 시장이 활짝

열렸다는 의미이기도 하다.

일자리를 찾는 사람들에게도 ESG는 중요한 정보다. 취업을 앞둔 대학생들은 지원하는 기업의 지속가능 경영 보고서를 살펴보는 것이 기본이 되었다. ESG 정보는 일하고자 하는 회사가 나의 가치를 실현할 수 있는 조직인지, 리스크는 없는지, 이 세상을 좀 더 나은 곳으로 만드는 데 기여할 수 있는 청사진을 제시하고 있는지 등을 파악하는 좋은 기준이 된다. 마찬가지로 좀 더 가치 있는 소비를 원하는 사람들에게 ESG는 좋은 판단 기준을 제시한다. 제품이나 서비스로는 파악하기 힘든 기업의 가치나 공정성, 사회적, 환경적 영향 등을 쉽게 파악할 수 있다. 이는 체계적이고 깊이 있는 가치 소비를 가능하게 한다.

이렇게 ESG가 강조되는 첫 번째 배경으로 시장 환경과 고객 가치의 변화를 들 수 있다. 1990년대 말부터 착한 소비와 책임 소비를 비롯한 가치 소비가 확대되면서 시장 환경이 변화했다. 그로 인해 친환경 제품, 저탄소 기술 등 사회문제 해결 비즈니스가 각광받으면서 공급망 관리에도 ESG 요소가 더욱 강력하게 적용되기 시작했다.

두 번째는 투자자들의 시각과 요구가 변화한 것이다. 사회, 환경, 윤리 리스크로 막대한 손실을 초래한 기업의 사례가 늘어나면서 ESG 관리의 중요성을 인식하게 되었다. 이러한 인식의 확장은 건전하고 윤리적인 가치 투자를 통해 장기적인 시각으로 수익을 창출하고자 하는 투자자의 증가로 이어졌다.

세 번째 배경은 국내외 법과 규제와 표준이 강화되었기 때문이다.

글로벌 기후변화 대응과 탄소 중립 선언 그리고 인권, 노동, 환경, 윤리, 안전, 개인정보 보호 등 각종 규제의 강화는 기업 경영에 영향을 미쳤다. 특히, 상장기업에 대한 ESG 정보 공개 의무화는 ESG를 본격적으로 실행하고 성과를 창출하도록 유도하는 촉진제가 되었다. 우리나라도 2026년부터는 대기업을 시작으로 2032년까지 모든 상장기업을 대상으로 ESG 정보 공개가 의무화될 예정이다.

네 번째는 글로벌 지속가능성 위기의 실감을 들 수 있다. 기상이변의 일상화, 코로나19, 미세먼지, 물 부족, 산림 파괴 등 체감으로 다가오는 지속가능성 위기는 ESG의 중요성을 지구적으로 확산하는 계기가 되었다.

마지막으로 주요 선진 기업이 ESG 리더십을 발휘하기 때문이다. 기후변화와 탄소 중립화 노력을 통해 실질적 배출량 저감을 달성한 기업이 늘어나고 있다. 기후변화를 위한 재무 정보 공개 태스크포스인 TCFDTask Force on Climate-related Financial Disclosures를 지지하는 기업 또한 2017년 282개에서 2023년 말 기준 약 3,000여개로 급증했다. 전세계 지속가능 경영 보고서 발간 기업 수도 꾸준히 증가하고 있으며, ESG 성과를 창출하는 기업에 투자자들이 몰리고 더 나은 성과를 창출하는 사례 또한 늘어나고 있다.

ESG는 이제 투자자와 기업은 물론이고 정부, 지자체, 시민사회에 이르기까지 지속가능성을 확보하고 사회문제를 해결하며 상생하기 위한 핵심 콘셉트로 받아들여지고 있다.

기업의 존재 목적을 다시 정의하다

· · ·

지난 몇 년 사이에 일어났던 ESG 관련 이벤트 중에서 가장 혁명적인 사건을 꼽으라면 2019년에 진행된 비즈니스 라운드테이블Business Roundtable, BRT을 들고 싶다. 1972년 성립된 비즈니스 라운드테이블은 애플, GM, 아마존 등 미국 유수의 기업 CEO 200여 명으로 구성된 기업 협의체다.

2019년에 이들은 기업 존재 목적에 대한 정의를 다시 세웠는데, 이는 시사하는 바가 크다. 놀랍게도 이들은 주주 가치 우선 원칙을 폐지하고, 이해관계자 상생 가치를 기업의 존재 목적으로 선언했다. 기업 경영에서 변하지 않는 원칙 중의 하나가 주주 가치 극대화다. 더군다나 자본주의의 산실인 미국에서, 가장 영향력이 큰 로비 단체이기도 한 이들이 주주 가치 우선 원칙을 스스로 폐지하고 고객, 임직원, 공급망과 협력사, 지역사회와 같은 이해관계자와의 상생 및 ESG 실천 노력을 통해 장기적인 주주 가치를 창출해나가겠다고 천명한 것은 그야말로 혁명과 같은 일이다. 이 사건은 국내외 기업들에게 강력한 자극제가 되었으며 많은 경영자들이 ESG에 관심을 가지게 한 기폭제가 되었다.

ESG에 대해 크게 신경 쓰지 않는 것처럼 보였던 애플의 행보는 많은 사람을 놀라게 했다. 애플은 2030년까지 탄소 중립을 달성하고 자사의 모든 공정뿐만 아니라 협력 회사와 공급망까지 관리하겠다고 선언했다. 2050년 글로벌 네트 제로(탄소 중립) 목표를 20년이나 앞당긴 것이다. 이는 탄소 배출에 대한 업계 표준을 선점하려는 목적도 있고 ESG 경쟁력을 통해 시장에서의 우위를 점하겠다는 의도로 보인다. 애플은 이미 자사의 온실가스 직접 배출 및 간접 배출량에 대한 탄소 중립을 이미 달성한 상태이며, 본격적으로 공급망, 물류를 비롯하여 제품 사용으로 인한 배출량 등 외부 배출량도 관리하겠다고 선언했다. 이것은 애플에 부품을 납품하는 협력사들 또한 2030년까지 탄소 중립을 달성해야 한다는 말이다.

그렇다면 애플 협력사 중에서 가장 큰 비중을 차지하는 삼성전자는 어떨까? 애플은 열대우림을 복원하고 생태계 및 다양성을 보호하는 펀드에 투자하고 새로운 탄소 배출 저감 및 제거 기술 개발과 적용을 통해 탄소 중립을 달성하겠다는 청사진을 제시한 데 반해, 삼성전자는 재생에너지 사용을 확대하기 위한 RE100이나 애플 협력사를 대상으로 하는 탄소 중립 프로그램인 청정 에너지 프로그램에도 가입하지 않았다. 만약 2030년까지 삼성전자가 애플이 계획하고 있는 탄소 중립 목표를 달성하지 못한다면 더 이상 납품하지 못할 수도 있을 것이다. 더불어, 기후변화 리스크가 큰 기업으로 낙인찍혀 다른 사업에도 부정적 영향을 미치게 될 것이다.

ESG는 더 이상 이미지 포장을 위한 수단이 아니다. 기업 경영의 전 과정에 깊숙이 반영되어 실천되고 성과를 창출할 수 있어야 한다. ESG를 추진하는 전 과정과 성과는 지속가능 경영 보고서를 통해 이해관계자들에게 투명하게 공개되어야 한다. 결국, ESG는 제품과 공정을 통해 구현되어야 하며 조직 운영을 비롯하여 이해관계자와의 상생 체계 구축에 적극 활용되어야 한다.

ESG,
지속가능한 라이프 스타일의 기준이 되다

· · ·

우리가 사는 세상은 생각보다 빠르게 변하고 생각보다 함께 고민하고 해결해야 할 심각한 문제들이 많다. 지속가능한 라이프 스타일은 이러한 문제에 대한 관심과 인식으로부터 시작된다. ESG는 지속가능한 라이프 스타일을 일상에 적용하고 실천하는 구체적인 기준으로서 작용한다.

사업을 하고 있거나 창업을 계획하고 있다면, 비즈니스 모델에 ESG를 담아야 한다. 환경, 사회, 커뮤니티 등 공공의 문제를 사업 모델에서 다루고 솔루션을 제공함으로서 수익을 창출할 수 있다면 그야말로 이 시대가 가장 원하는 사업 방식이다. 이 과정에서 윤리성과 투명한 정보 공유는 반드시 고려할 사항이다.

지속가능한 라이프 스타일 실천 가이드

- 사회문제를 해결하고 환경 가치를 창출하는 제품과 서비스를 구매한다
- 내가 먼저 변화하고 나를 먼저 가꾸고 실천하는 습관만으로도 긍정의 영향을 만들어낸다
- 진정성을 가지고 올바른 방법으로 살아가는 사람들을 지지한다
- 다른 사람의 노력과 가치를 인정하는 습관은 나를 더 가치 있게 만든다
- 잘못된 것을 바로잡고 문제가 일어나지 않도록 예방하는 삶을 살아간다
- 나의 건강하고 가치 있는 삶의 태도와 습관을 기록하고 전파하고 다음 세대에 알린다

밀도 있는 삶은
단순하고 명료하다

내 삶이 솔루션이 되는 경험

'파타고니아'의 창업자 이본 쉬나드는 "당신이 해답(솔루션)의 일부
가 되지 못한다면 문제의 일부라는 뜻일 것이다"라고 말했다. 삶을 좀
더 밀도 있게 만들고 일상에서 지속가능성을 추구하는 것은 문제의
일부에서 솔루션의 일부가 되기 위한 노력이다.

이 책은 지속가능한 라이프 스타일의 실천을 통해 삶의 밀도를 높
일 수 있는 요소와 방법을 제시한다. 우리 삶에 가장 큰 영향을 미치
는 요소로 의, 식, 주, 교육, 경영, 행복, 돈을 선정하고, 지속가능경영과
ESG 전문가로서 수행한 수많은 프로젝트 경험, 공부와 연구를 통한
지식, 앞서 실천한 많은 사람들의 지혜를 바탕으로 7가지 삶의 요소를
어떻게 더 밀도 있고 지속가능하게 만들 것인지, 쉽지만 강력한 솔루

션을 제시하고자 노력했다. 그동안 많은 전문가들이 지속가능성을 얘기하며 왜 이것이 필요한지 인식시키는 데 집중해왔다. 이제 우리에게 필요한 것은 무엇을 중요하게 바라보고, 어떻게 일상에서 쉽게 실천할 수 있는지에 대한 구체적 방법과 해법의 전파와 확산이다. 이 책을 통해 삶이 문제의 일부가 아니라 솔루션의 일부가 되는 경험을 할 수 있도록 도와주고 싶다.

피터 래빗으로 유명한 영국 출신의 세계적인 아동 문학 작가 베아트릭스 포터Beatrix Potter에게 즐거움과 위안을 주고 작품의 영감을 불러일으켰던 곳이 바로 잉글랜드 북서부의 호수 지역인 레이크 디스트릭트Lake District다. 이 지역이 특히나 아름다운 이유는 18세기부터 주변 자연 경관의 아름다움이 더욱 돋보일 수 있도록 집을 짓는 문화가 정착된 덕분이다. 레이크 디스트릭트는 아름답고 풍성한 자연, 지역사회가 추구하는 공동의 가치 그리고 토지 경작 방법과 주택 설계 방식이 서로 조화를 이루어 시너지를 낸 아주 좋은 사례다. 전통적인 토지 재산권의 개념을 넘어서서 아름다움을 지키면서도 경제적, 사회적, 환경적 가치를 동시에 창출할 수 있는 다양한 아이디어와 콘텐츠를 만들어내고 있다. 유네스코 세계유산에 따르면, 레이크 디스트릭트의 가장 중요한 전통적 목표는 자연과 문화가 만들어내는 조화로운 아름다움을 유지하는 것, 전통 농경 목축업을 지원하고 유지하는 것, 사람들이 이 지역의 특별함을 향유할 수 있도록 접근성과 기회를 제공하는 것이고, 이는 예나 지금이나, 또 앞으로도 변함없이 지켜질 것이라고 한다. 베아트릭스 포터 또한 이 지역의 자연 경관과 문화 유산을 보호하는 운동에 적극적으로 참여하고 많은 사람들에게 영감을 주었다. 그녀는 소유하고 있던 농장 15개(동서로 50킬로미터, 남북으로 40킬로미터에 달하는 면적)를 내셔널 트러스트에 기부하여 그대로 보전하게 했고 지금은 영국 최고의 휴양지이자 관광지가 되었다. 베아트릭스 포터와 같이 실천하는 사람들 덕분에 후손들은 대대로 레이크 디스트릭스라는 천혜의 자연을 선물받았고, 영국 최고의 관광 자원으로서 지속가능한 경제적 가치는 더욱 커지고 있다.

우리가 그래왔듯이 다음 세대들은 우리가 구축해놓은 것을 기반으로, 또는 그것을 붙잡고 살아가기를 기대하고 바랄 것이다. 인류는 재치 있고 적응력이 강해서 어떤 상황에서도 살아남겠지만, 이제는 살아남는 것이 중요한 것이 아니라 어떻게 살아가느냐가 중요하다.

호시우행虎視牛行이라는 말이 있다. 호랑이의 눈처럼 넓고 날카로운 시각으로 세상을 바라보고 소처럼 우직하게 실행하라는 말이다. 지속가능한 삶, 밀도 있는 삶을 살아가기 위해 지금 우리에게 가장 필요한 삶의 자세라는 생각이 든다. 이 책에서 여러 번 강조했지만 지속가능한 라이프 스타일의 실천을 통해 삶의 밀도를 높이려면 디테일이 생명이다. "자세히 보아야 예쁘다 너도 그렇다"라는 나태주 선생님의 시처럼, 자세히 보면 보이는 것들, 자세히 보면 깨닫게 되는 것들이 있다.

더 나은 세상을 만드는 일이 어디 쉽겠는가? 우리가 더 나은 삶을 살고 삶의 밀도를 높이고 싶다면 세상의 변화와 지켜나가야 할 중요한 가치를 깊이 들여다볼 수 있는 열린 시각과 우직하게 실천할 수 있는 실행력이 무엇보다 필요하다. 앨리스 빈센트Alice Vincent의 책 제목처럼 식물을 돌보듯 나를 돌보아야 한다. 내 삶이 지속가능한 형태라면 나의 생각, 일, 아이디어에 진정성이 더해지고 더 많은 공감으로 더 큰 영향을 만들어낼 수 있다.

시대를 막론하고 멋지고 쿨한 것은 각광받는다. 예전에 멋졌던 것은 지금도 멋지다. 베아트릭스 포터처럼 거대한 땅을 물려주지 않더라도 나를 위해서, 그리고 다음 세대를 위해서 할 수 있는 멋지고 의미 있는 일은 많다. 변하지 않는 본질을 볼 줄 아는 시각이 있다는 것, 가치 있는 본질을 유지하고 지켜서 다음 세대까지 전달될 수 있도록 하는 것은 인류가 다음 세대를 위해 물려줄 수 있는 최고의 유산이다. 후손들이 지속가능하게 살아나갈 수 있는 가치 있는 것들을 물려주는 시스템이 갖추어져 있는지 깊이 있는 관찰을 시작해야 할 때다.

우리는 새로운 전통을 만들어가야만 하는 시대를 살고 있고, 새로운 전통을 만들 수 있는 기회를 맞았다. 과거에서 배우고 이어나가는 것만이 전통이 아니라 지금부터 새로운 전통을 만들어 나의 삶을 밀도 있게 만들면서도 미래 세대에게 좋은 것을 물려줄 수 있다. 지속가능한 삶을 살기 위해서는 무언가를 포기해야 한다고 생각하는 사람들이 많다. 남에게 불을 붙여주었다고 해서 나의 불빛이 빛을 잃지 않는 것처럼 지속가능한 삶, 밀도 있는 삶은 나의 희생이 아니라 나를 채우고 가꾸어 진정한 나로 살아갈 수 있게 한다.

지속가능한 라이프 스타일, 삶의 밀도를 높이다

지난 20여 년간 강의, 자문, 컨설팅 등을 통해 만난 사람이 몇천 명은 될 것이다. 그들 중 상당수는 세상을 좀 더 나은 곳으로 만드는 역할을 하는 사람들이지만, 일상에는 연결 고리 없는 삶을 살고 있는 경우가 많았다. 그들은 가치 있는 일을 하면서도 늘 불만이 많았고, 다른 사람과의 비교로 불안해했으며, 삶의 방향에 대한 확신이 없었다.

반면, 오랜 시간 자기만의 길을 만들고 각자의 자리에서 인정받는 사람들은 공통적으로 일과 삶에 꾸준히 가치를 불어넣는 사람들이었다. 더욱 중요한 점을 발견했는데, 그들은 불평 불만이 적었고 자기 자신에게 집중했으며 더 행복했다는 점이다. 결국, 어떤 좋은 콘셉트이든 일과 삶의 경계를 허물고 각자의 일상이 되고 라이프 스타일로 습관화될 때 진정한 실천이 이루어지고 진짜 내 것이 된다.

지속가능성은 몇몇의 기업이나 활동가 또는 정치인들이 하는 것이 아니다. 결국 중요한 것은 우리 모두가 나를 위해 지속가능한 삶을 살아야 하고, 그것이 자연스럽게 다음 세대의 지속가능성에도 도움이 된다는 것을 인식하는 것이다. 깨달음을 통해 이 세상에 길을 비춰주는 사람들이 공통적으로 말하는 한 가지는 깨달음을 얻기 위해 극적인 체험을 하지는 않았지만 나를 사랑하기 시작하면서 모든 것이 달라졌다는 것이다.

이 책을 쓰면서 내 삶을 밀도 있게 채워나가고 지속가능한 삶을 실천하는 방식이 너무나 많다는 것 또한 깨닫게 되었다. 많은 사람들이 명확한 답을 원하지만 정해진 답에만 집중하는 순간 열린 사고와 통찰력의 깊이는 얕아진다. 이 책을 읽으면서 여러분 스스로에게 나는 어떻게 실천할 것인지 더 많은 질문을 던지고 나에게 맞는 실천 방법과 삶의 원칙들을 구체화하길 바란다.

하루에도 몇 번씩 부정적인 생각이 들기도 하고 세상이 미쳐 돌아가는 것 같지만, 나는 인간이 궁극적으로는 올바른 방향으로 가고 있고 그럴 수 있는 능력이 있다고 믿는다. 특히, 나 자신을 신뢰하고 나로부터 시작하는 가치의 실천은 상상을 뛰어넘는 무언가를 할 수 있는 좋은 출발점이 된다. 지금 당장 우리의 라이프 스타일을 지속가능한 형태로 바꾸면서 건전한 비즈니스로 돈을 벌고 환경과 공존할 수 있는 접점을 찾아야 한다. 너무 많이 소유하는 라이프 스타일을 바꾸고 버리지 않는 습관을 일상화해야 한다. 지속가능한 사회를 만드는 기술은 윤리성을 기반으로 해야 하며, 그 과정 또한 상생을 구현할 수 있어야 한다. 가치 있는 삶을 거부하는 것은 자신에게 더 나은 삶을 살 수 있는 기회를 스스로 거부하는 것과 마찬가지다.

Be PONO(포노)=바르고 조화로운 상태로 있으라

하와이로 출장을 갔을 때의 일이다. 유명 관광지 말고 현지 주민들이 주로 이용하는 식당이나 가게에 가보면 PONO(보통 한국어로는 '의로움' 정도로 해석함)라는 말이 쓰여 있는 것을 발견할 수 있다. 처음에는 저게 무슨 의미인지 몰라 의아했는데, 알고 보니 삶의 밀도를 높이는 하와이 사람들만의 암호 같은 것이다. 복잡한 문제에 봉착하거나 스트레스를 받아 나 자신을 돌보지 못할 때, 바르지 못한 행동을 하거나 다른 사람을 돌보지 않을 때, 그리고 동식물을 제대로 돌보지 않고 게으름을 피우거나 해야 할 일을 제대로 하지 않을 때 이들은 "Be Pono(바르고 조화로운 상태로 있으라)"라고 말하는데, 그러면 바로 태도를 바꾼다고 한다. 다른 사람이나 존재와 조화를 이루고 나 자신을 가꾸고 바르게 행동함으로서 모두가 행복한 상태를 만들어가고자 하는 지혜가 담긴 문화다. 상대방의 게으름이나 바르지 못한 상태를 지적하고 고치라는 의미보다는 스트레스나 고민, 게으른 태도, 나쁜 마음으로 인해 자기 자신을 잃고 조화롭지 못한 상태에 있는 사람들에게 공감해주고 서로 격려하는 의미가 강하다고 볼 수 있다. 하와이 사람들은 근심 걱정이 없고 행복하다고 하는데 Pono가 그 근원임을 알게 되었다.

만약 사람들이 자기 자신과 다른 사람들, 그리고 지구를 위해 옳은 일을 하는 것에 생각을 집중하고 행동한다면 세상이 어떻게 바뀔지 상상해보라. "내가 할 수 있는 다음 옳은 일은 무엇인가?"라는 질문은 개인적으로나 상호적으로 많은 이익을 가져다준다. 조화와 균형 그리고 공익을 위해 행해진 행동이 개인적인 이익만을 위해 행해진 행동보다 훨씬 더 보람 있는 것으로 판명되었다는 것을 이 책을 쓰면서 알게 되었다.

Pono가 하와이 사람들의 삶의 원칙이자 조화와 행복의 근원이 된 것처럼 나는 이 책을 시작으로 지속가능한 삶의 방식이 우리 모두의 행복과 조화와 균형 그리고 올바른 의사결정의 기준이자 문화로 확산될 수 있기를 기대한다.

삶이 나에게 좋은 것을 줄 것이라는 믿음이 결국은 우리에게 길을 열어준다. 일상을 충실히 살고, 건강한 것을 먹고, 서로를 존중하고, 진정성 있는 상품을 구매하고, 가치로 일을 함으로써, 우리는 스스로가 가진 상상도 못했던 거대한 행복과 보람을 느끼게 될 것이다.

자기 혐오의 시대, 불평과 불만족의 시대일수록 착하게 살면 유리해진다. 그래서인지 선한 영향력과 책임성에 대해서 더 많이 논의되고 있다. 선한 의도는 더 많은 기회를 창출한다. 뭐든지 노출되는 시기에 선하고 바르고 책임감 있는 생각을 가지고 실천하는 것이 행운을 부르고 사회 환경적 변화를 더 잘 활용할 수 있는 방법이다.

우리는 홀로 살아갈 수 없듯이 성공한 사람들은 혼자만의 노력과 행운만으로 성공한 것이 아니다. 사회 환경적 요소와 사회 시스템 그리고 제도와 문화의 상관 관계에 의해서 도움을 받은 것이다. 앞으로 선한 영향력을 만들어가는 것은 개인의 행복은 물론 성공을 이루기 위해 반드시 요구되는 노력일 것이다. 사회 시스템이 그렇게 바뀌어가고 있기 때문이다.

더 단순하게, 더 명료하게, 그리고 더 밀도 있게

이 책은 존경과 행복의 집에서 살았기에 세상에 나올 수 있었다. 내 삶의 터전이자 지속가능한 라이프 스타일을 시도하고 실천하는 공간이 되었다. 사람들과 소통하고 건강한 음식을 해 먹고 자연과 함께 하는 삶을 살다 보면 매일매일 감탄할 일들이 벌어진다. 도시의 삶에서는 그저 눈치채지 못했을 뿐 지구와 자연은 쉴 새 없이 움직이고 서로 조화를 이루기 위한 나름의 노력이 시스템화되어 있다. 모르는 것은 다행이다. 알아가면 되고, 안 것을 실천할 수 있는 기회가 있으니 말이다. 문제는 알면서도 무시하거나 실천하지 않고 부정하는 경우다. 내가 가장 싫어하는 말 중에 하나가 "원래 그래" 또는 "다들 그렇게 살아" 같은 말이다. 대부분의 경우, 원래 그렇지도 않고 다들 그렇게 살지도 않는다. 세상은 원래 복잡한 것이고 스트레스가 당연한 것일까? 혹시 내가 필요 이상으로 일을 복잡하게 만들고 있지는 않는가?

우리가 자연을 존중하고 케어하면 자연은 우리를 케어할 것이다. 풍요로움은 우리 손에 달려 있고 잠깐의 쉼은 풍요로움을 가져다준다. 우리에게 휴식이 필요한 이유와 같다. 자연에 맞서고 통제하기보다는 공존의 방법을 찾아야 한다. 자연을 지키는 것은 우리의 생명을 지키는 것이며 우리의 삶을 더욱 풍요롭게 만드는 가장 쉽고 빠르며 경제적인 방법이다. 무언가를 소중히 여기고 가치를 지켜간다는 것은 어떤 모습일까? 나를 소중히 여긴다는 것은 어떤 모습인가? 경험에 의하면, 지속가능하고 밀도 있는 삶은 의외로 단순하고 명료하다. 생각이 복잡하고 우울할 때면 자연을 가까이하고 식물을 가꾸고 건강한 요리를 하라.

지구를 살리는 가장 좋은 방법이 그냥 두는 것, 나무를 심는 것, 회복과 치유를 위한 시간을 주고 쉼을 주는 것인 것과 같이 우리 삶도 식물을 돌보듯 햇빛이 필요하면 밖으로 나가고 물과 양분이 필요하면 건강한 것을 먹으면 된다. 나에게 열등감, 상실감을 주는 것을 멀리하고 자신감과 만족감을 주는 것을 가까이하면 된다. 의미 없고 가치 없는 것에 집중하느라 커진 공허함과 복잡함 대신 내 삶의 밀도를 높이는 일에 집중해보자. 내가 가진 원의 넓이가 작아도 상관 없다. 중요한 점은 밀도이고 지속가능성이다.

지속가능한 삶의 실천은 내 삶의 밀도를 높여주며 내가 추구하는 가치를 지킬 수 있도록 도와준다. 세월이 지나도 변치 않는 원칙과 가치는 다음 세대로 이어져 행복의 선순환 고리를 만들게 된다. 모든 사람은 내면에 다양한 면을 가지고 있다. 감성적인 면을 가진 사람이 따로 있거나 이성적인 사람이 따로 있는 것이 아니라 어떤 면을 잃고 사는 것인지도 모르겠다. 나는 이 책을 통해서 삶의 넓이를 확장하느라 그동안 잊고 있던 삶의 밀도와 지속가능한 삶의 가치를 많은 사람들이 되찾았으면 좋겠다. 그리고 각자의 개성과 상황에 맞는 다양한 모습의 지속가능한 삶의 방식이 실천되고 다른 사람들에게 적극적으로 공유되고 다음 세대에게도 전달되기를 기대한다. 미덕의 힘은 시간이

흐를수록 강해진다.

> 오늘 내가 다른 사람들의 시선을 의식하지 않고 단호하게 옳은 일을 할 수 있다면, 이미 과거에 옳은 일을 많이 해두었을 것이다. 과거의 옳은 일이 지금의 나를 정당화해주기 때문이다.
>
> 지금 옳은 일을 하라. 겉으로 드러나는 것은 무시하라. 그러면 앞으로도 언제나 그렇게 행동할 수 있다. 품성의 힘은 누적되는 것이다. 과거에 한 모든 이로운 일은 오늘에도 영향을 미친다.
>
> 랄프 왈도 에머슨,《자기 신뢰의 힘》(타커스, 2016) 중에서

"나 하나 노력한다고 뭐가 바뀌겠어?"라고 여전히 의구심을 품는 사람들이 있을 것이다. 내가 존경하는 기업 경영자이자 사회운동가인 더바디샵의 창업자 아니타 로딕은 이런 말을 하곤 했다.

> "내가 좋은 영향을 만들어 내기에 너무 작은 존재라고 생각한다면 모기 한 마리와 함께 침실에 들어가보세요."

그 작은 모기 한 마리가 나에게 얼마나 큰 영향을 미치는지 우리는 여러 번 경험한 바 있다. 이 책을 읽은 모든 분들이 지속가능성에 대한 고정관념을 깨고 각자의 자리에서 꾸준하게 실천함으로써 선하고 긍정적인 영향력을 충분히 발휘해주실 것이라 믿어 의심치 않는다.

이 책을 쓰면서 내 삶을 신중하게 돌아보니 그동안 참 많은 것을 했다는 것을 알았다. 무엇보다도 일과 삶에 가치를 담고 내가 먼저 실천해보고자 노력했던 많은 시도들이 생각났다. 어떤 것은 미련이 남고 어떤 것은 실패했고 어떤 것은 자랑할 만하다고 생각한다. 특히, 내 사업에 지속가능성을 접목하고 남들보다 먼저 지속가능한 제품을 사서 경험해보고 의식주를 비롯한 일상에서 실천했던 노력은 강의할 때 내 말에 자신감을 주었고 컨설팅을 할 때는 나의 방향성과 전략에 확신을 주었다. 앞으로도 내 경험을 바탕으로 누군가의 행동을 이끌고 삶의 태도를 변화시킬 수 있는 작은 이야기들을 계속해나가고자 한다.

끝으로, 내 삶의 밀도를 완성해주고 지속가능한 삶의 동반자가 되어준 사랑하는 아내 서형에게 무한한 감사의 인사를 전한다. 밤새 서로의 가치를 얘기할 수 있고 각자의 취향을 존중해주며 오롯이 자연의 경이로움을 나눌 수 있는 사람이 옆에 있어 행복하다.

2021년 10월
존경과 행복의 학교에서